Mes Secrets de Petit Jeu

PHIL MICKELSON

MES SECRETS DE PETIT JEU

AVEC GUY YOCOM ET T. R. REINMAN
TRADUCTION FRANÇAISE : DENYS LÉMERY

Albin Michel

Direction artistique : Tim Oliver

© HarperCollins pour l'édition américaine

Édition française : Nicolas de Cointet

© Albin Michel, 2011, 22 rue Huyghens, 75014 Paris, France

ISBN : 978-2-226-21768-4

Dépôt légal : premier semestre 2011

Composition : IGS-CP, 16340 L'Isle-d'Espagnac, France

Imprimé en France par Pollina s.a., 85400 Luçon - L56672

À mes parents, qui ont rendu possible ma vie de golf,
à ma femme et mes enfants, qui lui ont donné un sens.

• • •

AVANT-PROPOS
par Phil Mickelson Sr.

I X

• • •

INTRODUCTION
par Phil Mickelson

X I

3

5 I

Table

Avant-propos

EN PLAÇANT UN CLUB POUR LA PREMIÈRE FOIS dans les petites mains de Phil, nous n'avions pas l'intention d'en faire le champion que vous connaissez. Il n'avait pas deux ans et, comme pour tout ce que nous faisions, ma femme Mary et moi, avec nos enfants, il s'agissait de le familiariser avec une activité que nous pourrions partager en famille. Impossible de prévoir qu'il aurait un jour une telle maîtrise du golf, et qu'il saurait la communiquer aux autres. Ses grands succès ont été pour nous exaltants, tout comme la publication de ce livre.

Alors qu'il n'était qu'un petit enfant, la plus grande part de ce que j'ai fait pour développer son jeu m'a été inspirée par des principes d'enseignement appris à l'université. Étant le plus acharné des golfeurs de la famille, je suis devenu le professeur de Phil, et dès le départ, j'ai été assez heureux de faire quelques choix qui ont éveillé son enthousiasme et l'ont aidé à prendre le chemin de la réussite. ❯

Je tiens à partager avec vous quelques-uns de ces principes, car je pense qu'ils seront utiles à tout le monde, y compris aux adultes qui cherchent à améliorer leurs scores grâce à ce que Phil peut leur apprendre sur le petit jeu.

• • •

D'ABORD ET AVANT TOUT, J'AI VOULU rendre amusant un jeu très difficile et qui peut vite devenir frustrant. Lorsque je faisais jouer Phil, principalement dans notre jardin, je guettais le moment où il prenait le plus de plaisir pour terminer la séance sous n'importe quel prétexte. À force de toujours s'arrêter quand il s'amusait le plus, Phil devint presque obsédé par le golf, et il emportait son club partout, même à côté de son lit. En travaillant ce que Phil va vous dire dans ce livre, je vous conseille donc de ne pas transformer votre entraînement en corvée en le faisant durer trop longtemps. Quittez le practice quand vous êtes au mieux et réfléchissez à ce que vous avez bien réussi. Il y a énormément d'informations dans ces pages, et bien qu'elles puissent toutes vous faire progresser, ne les travaillez pas toutes à la fois.

Ce qui amène mon second conseil, relatif à la qualité plus qu'à la quantité. Phil était un jeune golfeur très curieux, et plus encore à partir de dix ans. Il s'entraînait beaucoup, mais il y avait toujours un élément de réflexion dans sa façon de taper des balles. Il prenait son temps et s'arrêtait souvent entre deux balles, réfléchissant à la manière de jouer un coup pour que la balle réagisse différemment. Il ne tapait pas ses balles à la cadence d'une mitrailleuse mais cherchait comment en envoyer une plus haut, ou comment lui donner plus d'effet. Il se concentrait sur ses sensations. Tout était basé sur la qualité des coups, pas sur leur quantité. Il passait du temps à taper des balles, mais il avait aussi bien d'autres activités et il essayait instinctivement de tirer le maximum de son temps d'entraînement au golf.

Phil était tout autant fasciné par les causes que par les effets. Je pense qu'il a tiré profit de l'une de mes premières leçons : le golf est un jeu d'oppositions. Je lui ai montré qu'il fallait taper vers le bas pour faire monter la balle, qu'il fallait swinguer vers la gauche pour que la balle tourne à droite. Phil a toujours tapé des balles avec un « pourquoi » en tête. En nous entraînant ensemble dans le jardin, nous faisions de temps en temps des balles « à la demande », en annonçant quel type de coup nous allions jouer et en essayant de le réaliser. C'était très utile, parce que cela incitait Phil (et moi aussi !) à planifier chaque coup. Quand vous vous entraînerez à ce que vous allez découvrir sur le pitching, le chipping ou les bunkers, jouez toujours chaque balle avec un objectif. Ce peut être l'application de la technique « Armez et tenez les poignets », ou encore la variation du degré d'ouverture de la face de club... Mais si vous tapez des balles au hasard, vous ne profiterez certainement pas des conseils présents autant que vous le devriez.

Autre aspect utile de ce livre : les photos qui illustrent les différents types de coups. Lors de nos première,s séances dans le jardin, mon premier souci était la sécurité. Phil portait encore des couches, et quand je faisais des pitchs ou des chips, je le tenais occupé à jouer avec quelques balles. Je le gardais constamment dans mon champ de vision, c'est-à-dire directement face à moi. Au bout de six mois environ, le temps est venu de lui offrir son premier petit club de droitier. Pour se préparer à son premier swing, nous avons échangé nos places. Après lui avoir donné quelques rudiments des fondamentaux – les pieds alignés correctement, les mains l'une près de l'autre sur le grip, etc. – je me suis reculé et lui ai dit de taper. À ma grande surprise, Phil a répondu de façon très inhabituelle. Il est revenu à sa place, a pris le club en gaucher et a fait un magnifique swing, tapant la balle avec l'arrière de la tête. Après une deuxième balle, j'étais tellement impressionné par son geste que j'ai décidé de changer le club, mais pas le swing. Nous sommes allés au garage et j'ai soigneusement scié l'arrière de ce petit bois en oblique, pour lui donner un peu de loft, puis j'ai rectifié l'ancienne face et terminé la finition. Ce club est devenu son jouet favori. Aujourd'hui encore, ce vieux bois tout usé trône dans la vitrine de ses trophées, avec tous les souvenirs qui s'y rattachent. Dans ce livre, les démonstrations de Phil en gaucher sont particulièrement intéressantes pour le lecteur droitier. Sur les photos prises de face notamment, il peut étudier ses positions à l'adresse et son swing comme s'il se regardait dans un miroir*.

• • •

J'AI BEAUCOUP AIMÉ ENSEIGNER À PHIL ce que j'avais appris pendant des années, en veillant à mettre en avant les fondamentaux et en évitant les complications. Je pense que c'était efficace, car il a progressé rapidement. À quatorze ans, il était scratch, je sentais que je l'avais mené aussi loin que mes connaissances le permettaient. Il était temps de lui trouver un professeur plus compétent, plus expérimenté et de m'asseoir sur le siège arrière. Ensuite, j'ai joué le rôle de deuxième regard, et quand son professeur n'était pas disponible, je ne disais rien si Phil ne me le demandait pas. La valeur de ces années de formation passées avec Phil, son petit frère Tim et sa sœur Tina reste inestimable. J'ai appris beaucoup de choses sur le golf et plus encore sur l'art d'être un père. Je ne peux exprimer à quel point je suis fier de Phil, en partie pour sa réussite en tant que golfeur, mais plus encore pour l'homme qu'il est devenu. J'espère que vous apprécierez ce livre et le temps passé avec lui.

Je suis heureux d'avoir contribué à donner de solides bases à son jeu, et au merveilleux enseignement qu'il vous propose ici. En tant que joueur passionné cherchant à améliorer son propre jeu, j'espère aussi y apprendre beaucoup de choses.

PHIL MICKELSON SR.

---

* Pour alléger la lecture, il suffit de définir simplement la gauche et la droite : pour bras/pied avant, les droitiers doivent comprendre bras/pied gauche et les gauchers bras/pied droit – pour bras/pied arrière, les droitiers doivent comprendre bras/pied droit et les gauchers bras/pied gauche (N.d.T.).

Introduction

DANS NOTRE JARDIN, JE N'AI JAMAIS CESSÉ DE M'AMUSER, et c'est une des raisons principales de mon succès tout au long de ma carrière. Ma vie de golfeur s'est formée là et cette expérience a constitué la base de mon jeu et de ce livre.

Quand mon père a construit un green d'entraînement au fond du jardin, j'avais huit ou neuf ans, et jusqu'à ce que je puisse faire des drives, c'était à peu près mon seul accès régulier au golf. Comme j'étais chargé de passer la tondeuse et de soigner le gazon, et que je voulais que celui-ci soit beau, j'essayais de ne pas faire de divots trop profonds. Je brossais simplement l'herbe en gardant constamment le bord d'attaque de la tête dans la même position. Je devais aussi faire attention à ne pas expédier des fusées chez les voisins, mais je dois avouer ne pas avoir réussi à cent pour cent ! Tout ceci m'a conduit à trouver la meilleure façon, la plus efficace et la plus constante, de faire un chip. ❯

Je ne sais combien de centaines d'heures j'ai passées dans ce jardin, et c'est là que je suis devenu créatif, me plaçant derrière un olivier ou un oranger, faisant passer la balle à travers le bunker, tapant des sorties du sable, toutes sortes de petits coups amusants. Mais, au bout d'un moment, il m'a fallu trouver de nouveaux sujets d'amusement. Du coin le plus proche de la maison au fossé derrière le green, il y a quarante mètres. Papa me donnait cinq cents quand je rentrais un petit coup et j'ai passé des mois à essayer de remplir ma tirelire pour l'université de cette manière. Mais, à partir d'une dizaine d'années, j'ai commencé à envoyer des balles par-dessus la maison depuis la pelouse devant la porte jusqu'au green au fond du jardin, et une bonne partie de cet argent chèrement gagné s'est évanouie en réparation des vitres de la maison ou de celles des voisins.

Il existe bien des façons d'apprendre et j'ai eu de la chance. Mes parents m'approuvaient quand je m'entraînais et je jouais, et j'ai passé du temps à étudier le petit jeu par mes propres moyens, en dehors des leçons données par mon père. Ce livre est un moyen facile d'acquérir ce que j'ai appris, et vous ne perdrez pas de temps. En allant sur les zones réservées au petit jeu, vous aurez toutes les raisons de travailler vos fondamentaux et d'apprendre proportionnellement plus vite que je ne l'ai fait. Je sais que la plupart des gens traînent les pieds à l'idée d'aller s'entraîner, ils s'usent à répéter de mauvaises habitudes, ou à chercher des façons de s'en sortir avec ce qu'ils ont. Mais nous ne sommes pas là pour simplement nous débrouiller. Ce livre est conçu pour vous aider à acquérir un petit jeu du plus haut niveau. Sur un parcours, comme plus de cinquante pour cent des coups se jouent à moins de cinquante mètres des drapeaux, il est parfaitement logique de s'entraîner au petit jeu plus qu'à n'importe quel autre secteur du golf.

• • •

BEAUCOUP DE JOUEURS ONT FAIT DE GRANDES CARRIÈRES sans être de très grands frappeurs de balle. Et beaucoup de très grands frappeurs n'ont jamais vraiment réussi à cause de la faiblesse de leur petit jeu. Ce qui importe, c'est de mettre la balle dans le trou, et c'est bien l'élément le plus critique du golf.

La méthode que je vous propose part du trou et s'en éloigne progressivement. Ce que j'appelle la technique « armement et tenue des poignets » en constitue la base, et l'outil essentiel sur tous les coups jusqu'à cinquante mètres du drapeau. Elle est facile à comprendre. Nous allons voir comment être efficace à partir de un mètre du trou et comment jouer toutes sortes de coups pour envoyer sa balle dans un cercle de un mètre. Lorsque nous y serons parvenus, ce sera devenu beaucoup plus facile que de vouloir envoyer une balle dans une tasse de dix centimètres de diamètre.

• • •

LE PLEIN SWING A ÉVOLUÉ AU COURS DES ANNÉES, à mesure que changeait la technologie. Pour tirer profit de manches de club plus raides avec moins de torsion, nous avons développé un swing avec un finish plus haut. Pensez aux joueurs des années 1970 et 1980 dont les jambes s'affaissaient à l'impact et qui essayaient de tenir le swing afin

de combattre le hook causé par des manches trop souples. Mais la technique de chipping, elle, n'a pas changé du tout. Souvenez-vous des fameuses photos de Seve Ballesteros jouant un pitch dans le parking de Royal Lytham & St. Annes lorsqu'il remporta le British Open 1979. Ou de Tom Watson rentrant directement un chip à partir du rough en bordure de green au 17 de Pebble Beach pour gagner l'US Open 1982. Ou encore, avant eux, Billy Casper jouant chaque jour volontairement court du green sur le 3, un par 3 de Winged Foot, et faisant le par à chaque fois, en route vers la victoire à l'US Open 1959. Ils armaient leurs poignets au backswing, accéléraient dans la balle, la tête de club ne dépassait jamais les mains à l'impact, et ils maintenaient cet angle à la traversée. Ils n'utilisaient pas l'analogie avec le cadran d'une horloge, ni ne figeaient les poignets comme on peut l'enseigner aujourd'hui. Ils utilisaient la technique « armement et tenue des poignets » comme tous les bons spécialistes du petit jeu avant et après eux.

Nous observerons ce qui se passe sur les greens, comment les lire, comment considérer les pentes, comment devenir un bon putter. On croit souvent que la qualité du putting est innée. Ce n'est pas vrai. Le toucher, les sensations, la lecture des greens peuvent s'apprendre facilement si l'on dispose d'un bon enseignement et d'une bonne technique. Il y a plusieurs années, Dave Pelz avait organisé un Championnat du monde de putting, ouvert à tous, depuis des joueurs sévèrement invalides jusqu'aux professionnels, et les résultats montrèrent que n'importe qui pouvait putter et bien putter. Vous pouvez apprendre à putter, vous pouvez apprendre à faire des chips, et vous pouvez devenir au moins aussi bon qu'un professionnel dans ces secteurs du jeu.

• • •

JE LAISSERAI DE CÔTÉ LES ÉVIDENCES, comme la pente pour un chip, qui est identique à celle d'un putt quand la balle roule, mais moindre quand elle vole, car j'ai supposé que vous aviez déjà de bonnes notions du golf. Le but de ce livre est d'améliorer votre petit jeu à moins de cinquante mètres du drapeau, de vous en donner une vraie connaissance ainsi que les fondations d'une technique solide, d'identifier vos problèmes et de leur apporter des solutions.

Mais n'oubliez pas de vous amuser. Quand je vais au golf avec ma fille Sophia, nous terminons presque toujours par un concours de putting. Je lui donne peut-être deux ou trois points sur une demi-douzaine de trous, mais nous faisons une vraie compétition ; elle fait deux ou trois putts pratiquement sur chaque trou. Elle est devenue excellente au putting et attend nos concours avec impatience.

J'espère que vous apprécierez votre expérience avec ce livre. Amusez-vous à apprendre une nouvelle technique, amusez-vous à la travailler et à observer vos progrès au petit jeu. Amusez-vous à faire des scores plus bas. Je vous souhaite de prendre plus de plaisir au golf que jamais.

PHIL MICKELSON

« Peu importe votre type de mouvement.
Ce qui compte est de ramener les mains
et la face de club dans la même position
qu'à l'adresse. »

I

La lecture des greens est une science
et un art. Ne jouez jamais un putt
avant d'avoir une perception claire
de la vitesse et de la ligne.

→ PREMIÈRE PARTIE

Le putting

J´AVAIS DÉJÀ DÛ RENTRER DES PUTTS, particulièrement au cours de la dernière heure de jeu, mais je devais absolument réussir celui du 72ᵉ trou. Déjà, gosse, je rêvais de remporter le Masters, je m'y étais préparé depuis que j'avais joué Augusta National pour la première fois en 1991, et j'en avais parfois été tout près, avec trois troisièmes places successives. Mais c'est inutile d'être simplement à proximité d'un rêve longtemps poursuivi, et spécialement d'un rêve aussi grand. Ernie Els avait fini son parcours, il était sur le putting-green, attendant de savoir si j'allais faire le par. En ce cas, nous devrions aller au départ du 10 pour un play-off en mort subite. Je devais rentrer mon putt immédiatement pour gagner. ›

IL Y A QUATRE CLEFS POUR bien putter : la lecture, la vitesse, l'orientation du putter et le mouvement. Il faut bien lire le green – distinguer les pentes entre la balle et le trou et ajuster la ligne en conséquence. Vous devez donner un bon rythme à votre putt – sentir la vitesse de roulement du green sur votre ligne. Vous devez vous aligner correctement, à la fois verticalement (tête, épaule, taille et pieds) et horizontalement (par rapport à la ligne de jeu). Et vous devez appliquer un bon roulement à la balle – l'angle de la face à l'impact doit être parfait. Vous avez beau avoir parfaitement lu la ligne, vous être très bien aligné, avoir frappé la balle dans le bon rythme, le putt ne rentrera jamais si l'orientation de la face n'est pas correcte à l'impact. Une fois que vos quatre éléments sont en place et que vous commencez à rentrer les putts, votre confiance va se renforcer.

• • •

QUAND J'ÉTAIS À L'UNIVERSITÉ, je rentrais des putts de tous les côtés, et je rentrais aussi ceux où j'avais beaucoup dépassé le trou. J'étais très bon sur des greens qui n'étaient pas aussi roulants, et contre des adversaires qui n'étaient pas si redoutables que sur le PGA Tour. Dans mon premier PGA Championship à Inverness en 1993, je jouais avec Ernie Els et, pour la première fois en tournoi, Jack Nicklaus. Pendant deux jours,

j'ai été émerveillé par la capacité de ce dernier à mettre les longs putts tout près des trous. Il me fallait clairement changer mon style : je devais perfectionner mes longs putts pour supprimer la pression d'avoir à rentrer les seconds putts quand j'avais manqué les premiers.

J'ai beaucoup travaillé et me suis rapidement amélioré, mais j'ai vraiment fait un bond en avant lorsque j'ai commencé à travailler avec Dave Pelz en 2004. Nous avons d'abord jugé nécessaire de faire jouer mon putter plus régulièrement en ligne. Nous avons alors créé ensemble un outil d'entraînement, le Putting Tutor, où la balle est placée à une extrémité d'un plateau de plastique de forme triangulaire. À l'autre extrémité se trouve une « porte » un peu plus large qu'une balle de golf et matérialisée par deux petites boules de métal. On dispose le Tutor sur la ligne de putt et il faut s'entraîner à faire passer la balle dans la porte. Si vous envoyez la balle en ligne sur les vingt-cinq centimètres jusqu'à la porte, avec un bon rythme, vous aurez toutes les chances que votre balle tienne la ligne jusqu'au trou.

• • •

ALORS QUE J'ÉTAIS AU DÉPART DU 12 au Masters 2004, Ernie Els faisait eagle au 13 et prenait trois coups d'avance. Il n'était pas battu et je devais absolument me bouger. J'ai rentré un putt de quatre mètres pour birdie au 12, un de soixante

centimètres pour birdie au 13, un autre de trente centimètres au 14, et après avoir rentré cinq mètres au 16, j'étais revenu à égalité en tête.

Sur mon approche au 18, la balle s'est arrêtée à environ six mètres au-dessus du trou, juste devant celle de Chris DiMarco, ce qui allait me donner une bonne idée du rythme et de la ligne de jeu. C'était un bon coup de pouce. J'ai repensé à Payne Stewart, qui avait fait un seul putt sur cinq des sept derniers trous de Pinehurst pour remporter l'US Open cinq ans plus tôt, et à la confiance qu'il avait montrée sur son putt de six mètres pour la victoire. Mon propre niveau de confiance avait grimpé après quatre birdies sur les six derniers trous. C'était une sensation magnifique. Mais, en venant à ma balle, j'ai quitté cet état de transe pour me placer en mode Putting Tutor. J'ai orienté ma face de club un peu plus à gauche de la ligne adoptée par DiMarco, qui avait manqué de peu le trou, j'ai fait deux putts d'essai en pensant à la « porte » devant ma balle, je suis avancé et j'ai rentré le putt. M'être entraîné ainsi, avoir eu confiance en ma routine de putting et avoir rentré le putt le plus important de ma vie, tout cela signifiait que mon rêve s'était réalisé.

Considérez chaque putt de la même manière, quelle que soit la pression. La routine avant le coup et le rythme du mouvement ne doivent jamais changer.

→ QUESTION DE STYLE

L'UNE DES PREMIÈRES « RÈGLES » DE PUTTING dont j'aie entendu parler, c'est que le putter doit suivre une ligne droite d'arrière en avant, la tête restant constamment face à la cible. Ce n'est pas forcément vrai. La forme du mouvement, tout comme l'importance de la rotation de la tête de club au cours du putt, dépendent du style de putter utilisé : c'est lui qui détermine le mouvement. Si vous allez à l'encontre du comportement du putter, fonction de sa conception, vous allez affronter les lois de la physique, et c'est perdu d'avance. Il existe une infinité de styles de putting, avec toute la place voulue pour les nuances individuelles, mais veillez à choisir un putter capable d'épouser le style de mouvement qui vous convient le mieux.

→
C'EST LE PUTTER QUI MONTRE LE CHEMIN

Le modèle à manche central (A) décrit une ligne droite vers l'arrière puis vers l'avant, la face restant square du début à la fin du mouvement. En revanche, avec l'insertion au talon (B), le chemin est incurvé, notamment pour accompagner l'ouverture et la fermeture naturelles de la face de club. Je préfère ce style de putter et de mouvement, mais c'est vraiment une question très personnelle.

CHOISIR LE MODÈLE PARFAIT

La différence principale entre les deux putters ci-contre n'est pas leur forme, mais le point d'insertion du manche dans la tête. Un modèle à manche central (A) présente peu de risques d'ouverture ou de fermeture de la face en cours de mouvement. Avec le manche près du talon (B), la rotation est facilitée, car la tête de club a tendance à tourner autour du point d'insertion du manche dans la tête.

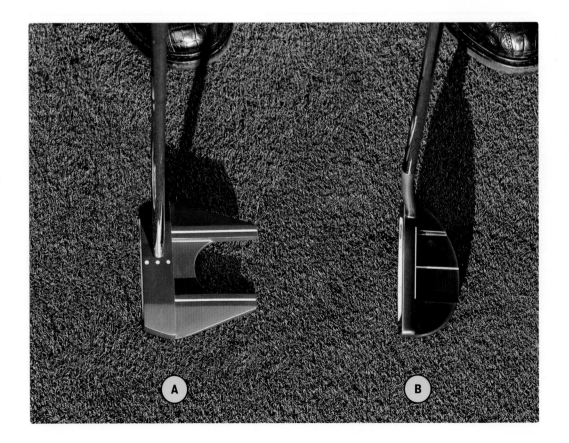

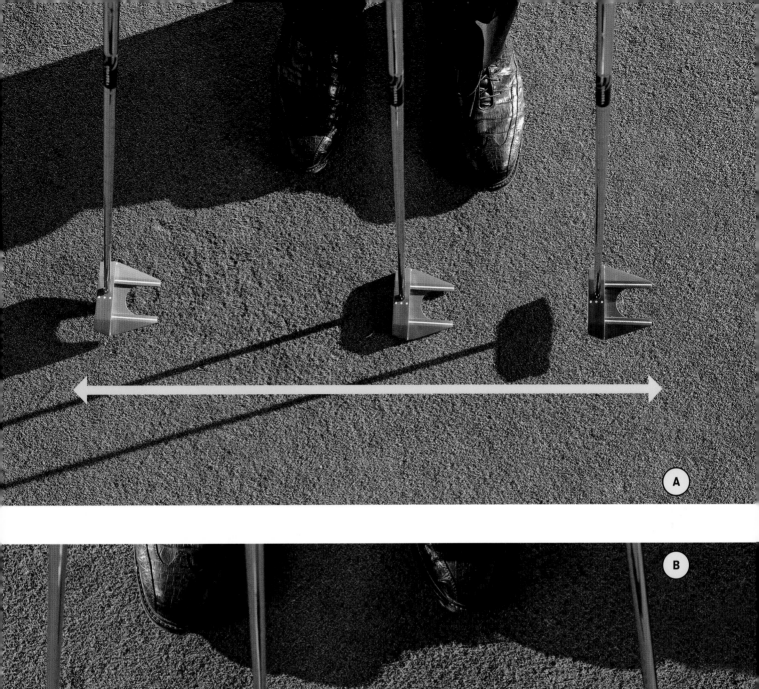

A

B

→ POSITION ET GRIP

LA POSITION À L'ADRESSE doit être basée sur la sensation d'avoir le corps détendu et à l'aise. Quelques considérations mécaniques doivent être prises en compte, mais elles sont peu nombreuses. Mon objectif principal est d'avoir les bras, les mains, les jambes et le buste détendus. Mes pieds ne sont pas écartés davantage que si je parlais à quelqu'un, je suis incliné à hauteur de la ceinture sans avoir le dos rigide ou tendu et mes bras pendent naturellement des épaules, sans être redressés ou pliés de manière consciente. Comme le mouvement de putting n'est jamais très ample, la position à l'adresse doit permettre un mouvement rythmique à la fois souple et précis.

LA POSITION À L'ADRESSE NE CHANGE JAMAIS

Ma position de putting est sans nuances. Et comme je recherche avant tout la régularité, j'observe une routine qui me place de manière identique pour chaque putt. En étudiant ma position à l'adresse, je vous défie de deviner si je vais jouer un putt d'un mètre ou de quinze mètres.

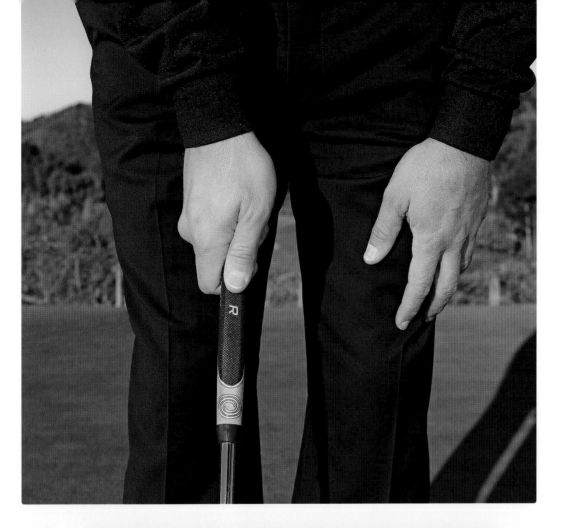

UN GRIP FORT POUR LA MAIN SUPÉRIEURE

Mon mouvement de putting réclame une certaine rotation de la tête de club et une « libération » dans la traversée. Il est donc important que la main occupant la position supérieure sur le grip puisse tourner. Placez-la sur le haut du grip de manière à voir deux articulations des doigts quand vous regardez vers le bas à l'adresse.

Posez ensuite simplement l'autre main, la paume face à l'objectif (ci-dessous). Les deux pouces doivent trouver place sur la partie plate du grip, afin de bien sentir le putter. Notez comment l'index de ma main supérieure repose sur les doigts de la main inférieure. Ce détail réunit solidement les mains, afin qu'elles puissent agir à l'unisson pendant tout le mouvement de putting.

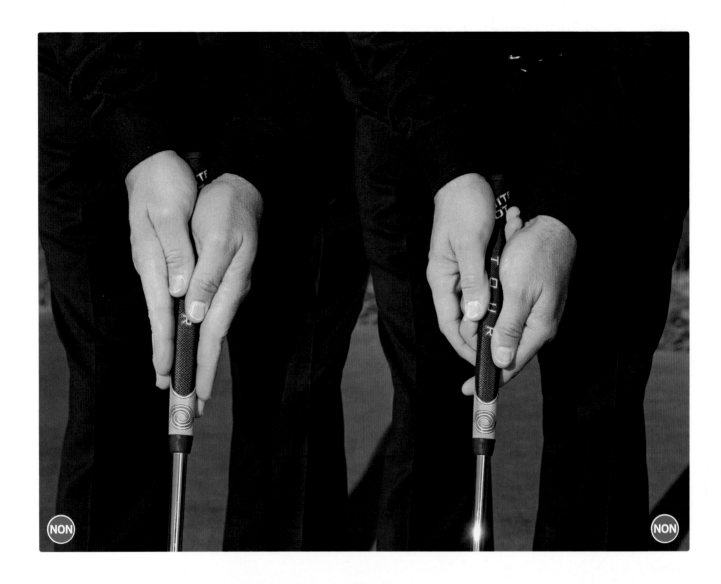

→ CHASSEZ LES MYTHES

PARMI LES AXIOMES DE L'ENSEIGNEMENT, beaucoup sont incontestables, mais certains laissent à désirer. Entre autres, la philosophie des « mains en opposition ». L'idée est d'avoir les paumes des mains en face l'une de l'autre quand le grip est complet, afin de pouvoir conserver la face de putter square du début à la fin du mouvement. À mon avis, cette méthode fait plus de mal que de bien, car elle immobilise les mains et entrave un libre balancier du club. Il devient alors difficile d'ouvrir et de fermer naturellement la tête de club, ce qui est particulièrement important sur les longs putts. Cette méthode réduit aussi la qualité du toucher et des sensations, et vous n'avez pas trop intérêt à l'adopter si vous voulez devenir un grand putter.

NE BLOQUEZ JAMAIS LES MAINS

Voici la méthode des mains en opposition. Quand vous refermez les mains sur le grip, les poignets sont dans l'incapacité de plier et les deux mains ne peuvent effectuer de rotation. Ce genre de grip est destiné à mettre les mains hors-jeu, et c'est exactement ce qui se passe – il n'y a plus aucune sensation, aucune qualité de toucher.

VOS OBJECTIFS : SENSIBILITÉ ET DOUCEUR

Je n'insisterai jamais assez sur l'importance de prendre le putter avec douceur et de conserver légère la pression des mains sur le grip, en toutes circonstances. Vous devez tenir le putter assez fermement pour en garder le contrôle, mais jamais au point de l'étrangler.

Quand vous m'observerez en tournoi sur les greens, vous remarquerez que je commence par placer la main supérieure sur le sommet du grip, avant de poser simplement l'autre main (ci-contre). Vous me verrez ouvrir et fermer les mains deux ou trois fois jusqu'à ce qu'elles soient parfaitement liées (vignette). Mon grip est essentiellement basé sur les sensations, il doit paraître (et être ressenti) confortable et détendu.

→ POSITION DE LA BALLE

LA POSITION DE LA BALLE par rapport au stance ne doit jamais changer. Certains joueurs placent la balle au centre du stance (au milieu des pieds), quelques-uns privilégient une position très en avant, et la plupart (moi compris) préfèrent la positionner un peu en avant du centre du stance. Quelle que soit votre préférence, l'essentiel est de rechercher la régularité, de toujours placer la balle au même endroit. Il y a deux raisons à cela. D'abord, les conséquences possibles sur le loft de la face. Ensuite, parce que la position de la balle détermine à quel endroit du chemin de club se produit le contact. Gardez bien à l'esprit qu'un placement de balle hasardeux provoque un roulement médiocre et inefficace, ainsi que de nombreux putts en push ou en pull. À partir du moment où la position de ma balle est cohérente avec celle des meilleurs spécialistes du putting, je vous conseille vivement de nous copier et de l'intégrer à votre routine.

OUI

LA BALLE LÉGÈREMENT EN AVANT DU STANCE

C'est la position de balle plébiscitée par la plupart des bons putters, et ce n'est pas sans raison. Mes yeux sont placés en arrière de la ligne de l'objectif, « derrière » la balle, ce qui me donne une vision juste de la balle et du trou et facilite mon alignement. À l'adresse et à l'impact, comme les mains sont placées en avant (vers l'objectif), la tête de club garde un loft correct au point de contact, et remonte légèrement à cet instant du mouvement.

Avec la balle un peu en avant, j'ai plus de temps pour ramener la face square à l'impact, en évitant de pousser le putter hors de la ligne. Pour échapper aux pushs, un autre secret est d'adopter un putter avec le manche inséré au talon, comme le mien, car il a tendance à revenir plus facilement vers une position square à l'impact.

Si vous placez la balle au milieu ou en arrière du stance (vignette du haut), vous aurez tendance à annuler le loft de la face et à taper vers le bas de manière brutale, ce qui fera sauter la balle et lui donnera un roulement inconsistant. Si elle est trop en avant (vignette du bas), vous augmenterez le loft et ferez monter la balle au lieu de la faire rouler tranquillement le long du green dès le départ. Dans les deux cas, vous aggravez les risques de faire un push ou un pull, car vous frappez la balle trop tôt ou trop tard par rapport au balancier du club.

→ DISTANCE PAR RAPPORT À LA BALLE

SECOND PARAMÈTRE de la position de la balle, la distance par rapport aux pieds. Lorsque nous avons abordé les différents types de putters, je vous ai expliqué qu'un putter à manche centré a tendance à ne pas tourner pendant le mouvement à cause de son axe situé au milieu de la face. Plus encore, ce modèle n'est vraiment efficace que s'il évolue en ligne droite pendant tout le mouvement, du backswing à la traversée dans la balle. Vous devez alors faciliter ce choix de chemin de club, et donc vous tenir assez près de la balle à l'adresse, les yeux directement au-dessus d'elle (ci-contre). Mais souvenez-vous que vous devez vous tenir ainsi uniquement avec un modèle de putter plutôt vertical.

AVEC UN MANCHE INSÉRÉ AU TALON, TENEZ-VOUS PLUS LOIN DE LA BALLE

Comme je préfère un putter avec le manche inséré près du talon de la tête, je dois me tenir plus loin de la balle que si le manche était au milieu. Sur la photo ci-contre, vous remarquerez que mes yeux sont légèrement à l'intérieur de la ligne de putt. Le chemin de la tête de club étant plus éloigné, il sera incurvé, le putter évoluant vers l'intérieur au backswing, revenant square à l'impact, et retournant vers l'intérieur après l'impact. La face du putter aura tendance à s'ouvrir puis se refermer, un peu comme une porte pivotant sur ses gonds.

DEUX MODÈLES, DEUX CHEMINS DE SWING

Le putter à manche centré (A) impose une position de balle plus proche de soi qu'un manche inséré au talon (B). Si vous avez déjà observé des joueurs utilisant un putter à manche très long – bloqué contre la poitrine –, vous aurez sans doute remarqué qu'ils sont très proches de leur balle, tout simplement parce que le manche est toujours inséré au milieu de la tête. Le chemin de swing est par conséquent proche d'une ligne droite pendant tout le mouvement.

LA BALLE EN AVANT OFFRE UNE PERSPECTIVE CAPITALE

Avec les yeux derrière la balle, je peux observer en même temps les trois éléments essentiels : la balle, la ligne et le trou. La vue est similaire à la lecture initiale depuis l'arrière de la balle, mais avec l'avantage d'avoir les yeux parallèles à la ligne de putt.

→ VISEZ COMME AU FUSIL

PLACER LA BALLE VERS L'AVANT du stance permet de mieux voir la ligne, de mieux s'aligner et d'orienter correctement la face de club. En m'observant pendant les tournois, vous me verrez souvent dans la position ci-contre. Après avoir analysé la ligne générale du putt, je me place comme à l'adresse, mais en me penchant beaucoup plus, les yeux plus près du green et de la balle. Cela me permet de voir à la fois la balle, la ligne et le trou, comme si je visais avec un fusil en regardant à travers le canon. Cela me donne une vision complète qui serait impossible avec les yeux directement au-dessus de la balle, comme si je plaçais les yeux à l'autre extrémité du canon de fusil.

PREMIÈRE DES DEUX ÉTAPES D'UN TEST

Mettez-vous à l'adresse et tenez une balle près de votre nez. Laissez-la tomber et notez où elle atterrit. Ce doit être bien en arrière de votre première balle.

DEUXIÈME ÉTAPE DU TEST

Pour vérifier que les yeux sont légèrement à l'intérieur du chemin de club (à cause du putter avec manche au talon), je recommence le test et laisse tomber ma seconde balle, qui doit atterrir plus près de mes pieds que la balle placée à l'adresse.

→ COMPRENDRE LE LOFT

ON CROIT SOUVENT QUE LE PUTTER est le seul club du sac dont la face est verticale, sans aucun loft. Bien sûr, ce n'est pas vrai. Bien que le rôle du putter soit de faire rouler la balle sur la surface du green, il est en général ouvert de quatre degrés, mais certains joueurs font régler le loft sur mesure, plus ou moins accentué. Dans l'idéal, il faut faire légèrement décoller la balle pour qu'elle puisse d'abord évoluer au sommet du gazon avant que la gravité et la friction la fassent tourner sur son axe. Pour qu'il soit efficace, le putter doit avoir le même loft à l'impact qu'à l'adresse.

LA FACE N'EST PAS VERTICALE

Comme vous le constatez ci-contre, le loft de la face du putter est suffisant pour éviter de projeter la balle vers le sol à l'impact. Mais, par ailleurs, je ne souhaite pas que la balle s'élève en l'air avec de l'effet rétro et rebondisse n'importe comment en revenant au sol.

ANATOMIE D'UN ROULEMENT IDÉAL

Vous voyez ci-dessus la balle glisser après s'être élevée au-dessus du gazon juste après l'impact. Après quelques centimètres en l'air, elle va commencer à rouler tranquillement sur son axe. Observez le putter : il est suspendu au-dessus de la surface du green, parce qu'il remonte après avoir dépassé le point le plus bas de l'arc de swing. Notez enfin que la face de club est square. Le putt a été effectué de manière très ferme, et la balle a de bonnes chances de finir dans le trou.

→ ATTENTION À NE PAS DÉTRUIRE LE LOFT

IL Y A DE NOMBREUSES FAÇONS DE MANQUER UN PUTT. On peut faire une mauvaise lecture de la ligne, mal aligner la face, avoir un mauvais contact, envoyer la balle trop court ou trop loin. Mais l'un des problèmes les plus fréquents se retrouve dans le mouvement lui-même, quand on « délofte » la face du putter, soit en plaçant les mains trop en avant à l'adresse, soit en les avançant au moment de l'impact. Dans les deux cas, on fait partir la balle vers le bas, ce qui la fait rebondir au sol et rouler de manière imprévisible. La conséquence la plus grave, c'est que la balle roule trop ou trop peu. Mais envoyer la balle sur la bonne ligne n'est pas même une solution, car il est impossible d'être certain de la direction qu'elle va prendre après le rebond.

UN MAUVAIS PETIT BOND

Le manche du putter est très incliné vers l'objectif (ci-dessous), ce qui détruit le loft original du putter. Une autre preuve en est cette face de club verticale, sans aucun loft. Mais le plus important est le comportement de la balle. Elle est plus de un demi-centimètre au-dessus du sol, ce qui montre que la face de club s'étant orientée vers le sol, la balle a rebondi et s'est élevée, et ce qu'elle va maintenant faire est très aléatoire.

MANCHE
EN AVANT ÉGALE
PROBLÈMES

Si vous avancez trop le manche de putter à l'adresse ou à l'impact, vous modifiez à tel point le loft de la face qu'il peut même devenir négatif, la face orientée vers la surface du green. Mais le fait de pousser les mains vers l'avant au cours du mouvement a des conséquences problématiques : on a tendance à ouvrir la face de club (ci-contre), avec pour résultat un putt en push. Et si vous compensez en tournant trop les mains, votre putt est en pull, et tout aussi manqué.

→ PAS TROP DE LOFT NON PLUS

AUGMENTER LE LOFT DE LA FACE est encore plus fréquent que l'inverse.
Cela se produit soit en plaçant les mains trop en arrière de la balle à
l'adresse, soit en décassant les poignets avant l'impact, ce qui fait passer la
face de club avant les mains. Dans les deux cas, le loft est plus important
que prévu, avec un résultat généralement encore plus médiocre qu'en
« déloftant » le club. Quand on augmente le loft, la balle saute en l'air et
prend du backspin. La qualité du contact est habituellement tout aussi
médiocre, car le contact s'effectue au niveau de la semelle du putter.
On peut bien sûr résoudre le problème en choisissant un putter qui n'a
pratiquement pas de loft, mais il est beaucoup plus efficace de modifier
son mouvement.

UNE RECETTE CONTRE
L'INCONSTANCE

La photo ci-dessus
nous montre un
manche de club très
en arrière, ce qui
signifie que la tête de
club est passée devant
les mains. La balle est
bien au-dessus du sol,
et il est impossible
de dire ce qu'elle va
faire en retrouvant
le sol. Une chose est
sûre : ce n'est pas en
augmentant le loft
que vous obtiendrez
un roulement franc
et tranquille. Et,
d'un jour à l'autre,
aucune régularité n'est
possible.

QUAND UN PUTTER DEVIENT UN FER

Les putters standard
que l'on trouve en
magasin ont un loft
standard de quatre
degrés. Quand on laisse
passer la tête de club
devant les mains, on
ajoute plusieurs degrés
de loft – suffisamment
pour transformer le
putter en fer. L'effet
sur le comportement
de la balle n'est qu'une
partie du problème.
Sur la photo ci-contre,
je montre le bord
d'attaque de la face de
putter, là où se produit
le contact avec la balle.
Taper ici provoque des
problèmes de vitesse,
parce que l'on ne
frappe pas franchement
la balle. Après
avoir joué quelques
putts trop courts,
la tendance est de
donner une impulsion
supplémentaire, une
brusque accélération
qui ne donne pas de
meilleurs résultats.

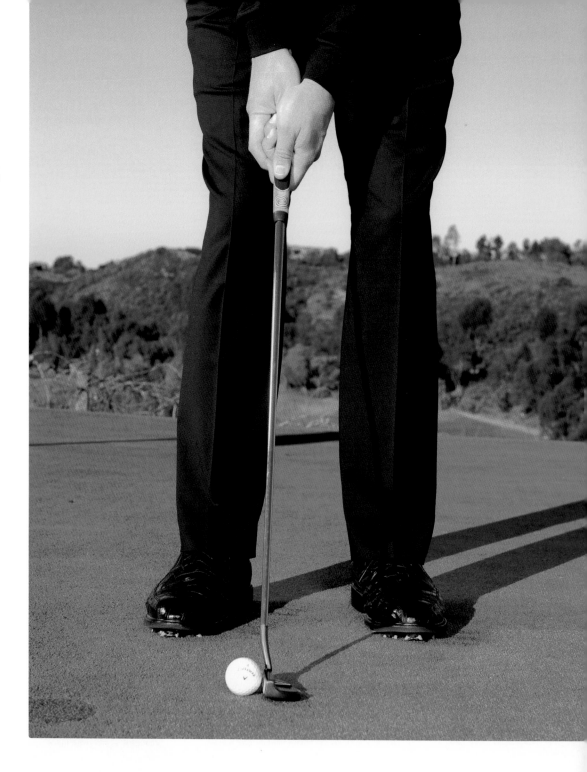

La pression vers l'avant peut déclencher la montée et reproduire le retour des mains vers l'objectif dans la suite du mouvement. Ce mouvement n'est pas très accentué. Après avoir terminé votre mise en position à l'adresse (grip, stance, orientation et alignement), les mains se trouvent directement au-dessus de la balle (ci-contre). À ce moment, vous n'avez plus qu'à les avancer de quelques centimètres sur la ligne de jeu (page de droite). En effectuant cette poussée vers l'avant, vous anticipez également la position des mains au moment du contact avec la balle.

→ FAUT-IL PRESSER VERS L'AVANT ?

LE GESTE DE PUTTING n'implique pas une grande amplitude de mouvement, mais il exige du rythme. Comme nous sommes statiques au-dessus de la balle à l'adresse, il nous faut une sorte de signal pour mettre en route le putter. Certains joueurs le font de manière mentale, en commençant le mouvement lorsqu'ils se sentent prêts. D'autres, comme moi, utilisent la pression vers l'avant, un léger mouvement des mains en direction de l'objectif juste avant que le putter s'éloigne de la balle. Que vous le fassiez ou non est une question de préférence personnelle, mais si c'est le cas, vérifiez bien que vous ne modifiez pas l'orientation de la face de club à ce moment précis.

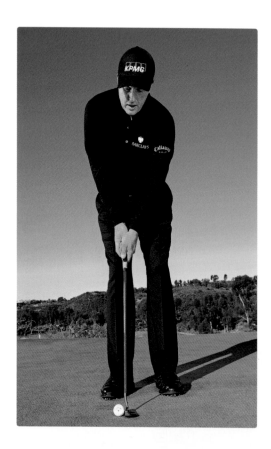

→ LES MAINS
AVEC
LA TÊTE

LES MAINS MONTRENT LA VOIE sur
chaque coup de golf. Cette règle est
tout aussi importante au putting que
dans les autres secteurs du jeu. Si les
mains créent un angle entre le bras
avant et le manche (ci-contre) par
rapport à leur position à l'adresse,
toutes sortes de problèmes peuvent
se produire. En ajoutant du loft à la
face, la tête de club va plus vite que les
mains, ce qui est une grave erreur. Le
roulement de balle est médiocre, tout
comme la vitesse, et cette combinaison
ne donne jamais rien de bon.

OUI

LES MAINS RESTENT EN MOUVEMENT

Deux des éléments du mouvement ci-contre ne sont peut-être pas spectaculaires, mais ils revêtent une grande importance pour tous les bons spécialistes du putting. En premier lieu, mes bras et mon putter évoluent à la même vitesse, les mains montrant la voie et se dirigeant droit sur la cible après l'impact. Je peux ainsi accélérer tranquillement le putter, garder la face square et contrôler la vitesse de la balle. En second lieu, je ne désarme absolument pas les poignets. Mains et bras agissent à l'unisson et accélèrent le long de la ligne de putt. De manière générale, évitez d'accélérer brutalement le putter en libérant la tête de club par les mains. En ce cas, vous allez augmenter le loft de la face de club et avoir de gros problèmes pour contrôler la vitesse de la balle.

→ UN MONDE DE UN MÈTRE DE DIAMÈTRE

SUR LA MAJORITÉ DES COUPS À MOINS DE CINQUANTE MÈTRES, l'objectif doit être de placer la balle à moins de un mètre du drapeau. C'est pour moi un chiffre magique, car je rentre 97 % de mes putts à cette distance. Plus je m'en éloigne, plus mes chances de rentrer le putt diminuent. À un mètre vingt-cinq, je réussis 90 % de mes tentatives et à un mètre cinquante plus que 75 %. À deux mètres, le pourcentage se réduit à 55 %. Stratégiquement, il ne suffit pas seulement d'arrêter la balle à moins de un mètre, encore faut-il pratiquement réussir tous ses putts de cette distance. Jackie Burke, joueur légendaire et véritable expert du putting, avait inventé un exercice si efficace que je l'ai adopté dans ma routine d'entraînement quotidien et d'échauffement avant un parcours.

Dès le début de l'exercice ci-contre à un mètre, il faut immédiatement adopter un certain rythme. Passez tranquillement d'une balle à l'autre, en comptant dans la tête chaque putt réussi. 1... 2... 3... et ainsi de suite, en interrompant votre procédure uniquement pour retirer les balles et les réinstaller. Pensez à faire des mouvements courts et décidés, en donnant à chaque putt un bon rythme. Poursuivez... 25... 26... 27... Vous remarquerez que la pression augmente à mesure que vous vous rapprochez de votre objectif. C'est excellent, car c'est ainsi que vous prendrez confiance en votre mouvement.

UN EXERCICE À CENT BALLES

Placez dix tees sur un cercle de un mètre autour d'un trou, puis dix autres à un mètre vingt-cinq, dix à un mètre cinquante et enfin dix à deux mètres. Placez une balle près de chaque tee du premier cercle et jouez-les l'une après l'autre, puis recommencez. Notez combien vous pouvez en rentrer successivement. Mon but est d'en réussir cent à la suite. Votre objectif doit correspondre à votre niveau de jeu. Si vous manquez, recommencez !

→ EN TOURNOI,
LE RETOUR SUR
INVESTISSEMENT

Au dernier trou du PGA
Championship 2005 à
Baltusrol, j'étais à égalité
en tête, et je devais faire
birdie pour gagner. Sur
ce par 5, j'ai envoyé mon
deuxième coup un peu
court et à gauche du green.
Lorsque mon pitch a fini
sa course à un mètre du
trou, j'ai levé les bras en
l'air… non pas parce que
j'étais assuré de gagner,
mais parce que j'étais
certain que mon putt allait
rentrer. J'en avais tapé des
milliers comme celui-ci
avec mon exercice à un
mètre du trou.

Quand ce fut à mon
tour de jouer, je me suis
tenu en retrait de la balle
(A) et j'ai fait des putts
d'essai en comptant dans
ma tête… 85… 86…
87… comme je le faisais
dans mon exercice. Jusqu'à
aujourd'hui, je procède
souvent ainsi. En venant
à ma balle (B), je ne
sentais pratiquement plus
de pression, et je me suis
comporté comme si je
poursuivais mon exercice.

Le putt pour gagner
mon second Majeur
portait le numéro 88 !

→ ÉLARGISSEZ LE CERCLE DANS VOTRE ENTRAÎNEMENT

PLUS VOUS VOUS ÉLOIGNEZ DU TROU, plus vous allez affronter de nouveaux défis. Alors que les putts de un mètre présentent peu de pente et que vous disposez d'une certaine marge d'erreur en terme de vitesse, les putts entre un et deux mètres obligent à prendre en compte ces deux facteurs. Ci-dessus, vous me voyez à une distance de deux mètres, et j'ai commencé à considérer la pente du putt et la vitesse, qui changent considérablement à mesure que je passe d'une balle à l'autre. Je me concentre moins sur le rythme et davantage sur l'observation de la ligne, de la vitesse et de la pente pour chacune des balles. L'exercice est fondamentalement le même, mais en donnant plus d'importance à la vitesse et à la pente, j'ai une sensation plus précise du roulement du green.

C'EST D'ABORD LA LECTURE QUI COMPTE

Comme le manche d'un fer 5 mesure près de un mètre, deux longueurs de manche vous donneront la distance de travail. En progressant autour de votre cercle, vous remarquerez que vous rentrez assez peu de putts. C'est normal, la réussite tient dans une anticipation précise de la vitesse et de la pente sur chaque putt, et elles peuvent beaucoup varier de l'un à l'autre.

SUR LES PUTTS COURTS, JOUEZ 25/75

À moins de deux mètres, votre backswing doit être court et contrôlé. Un long backswing ne peut être régulier et efficace, car vous risquez de décélérer en ramenant le club vers la balle, ou de taper trop fort si vous le ramenez fermement. J'aime à penser « 25/75 » : si vous mesurez la longueur du mouvement du début à la fin, le backswing représente 25 % de la distance totale (A), alors que la traversée représente 75 % (B). Cette méthode favorise une frappe décidée, beaucoup plus facile à contrôler. La face de club n'aura pas le temps de s'ouvrir ou se fermer trop, et vous accélérerez obligatoirement le putter. Souvenez-vous de conserver un grip léger.

A

B

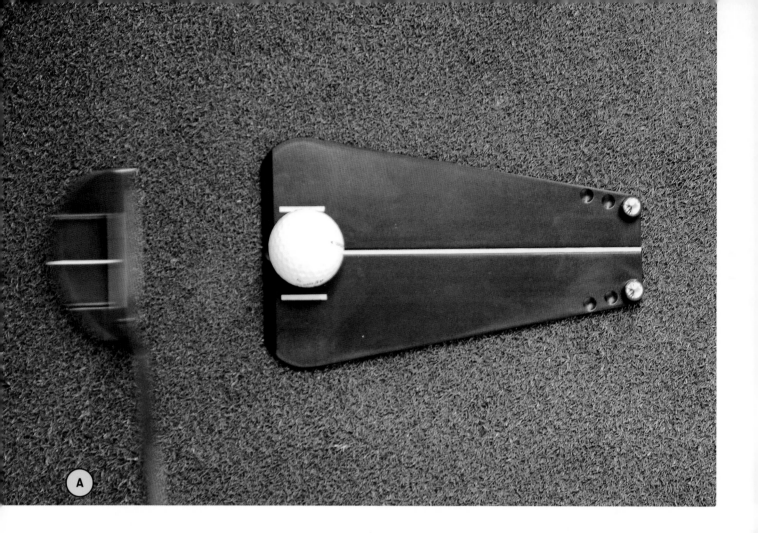

A

→ L'ORIENTATION EST ESSENTIELLE (AVEC UN OUTIL POUR VOUS AIDER)

L'ORIENTATION DE LA FACE EST L'ÉLÉMENT CRITIQUE du putting. Votre mouvement a beau être splendide, une orientation défectueuse fera à coup sûr démarrer votre balle vers la droite ou la gauche de la ligne choisie. Inversement, si la face est bien orientée, même un mouvement médiocre vous laissera une chance de rentrer votre putt. Jusqu'à aujourd'hui, orienter correctement la face était très difficile car les joueurs ne disposaient que de leurs yeux, ce qui était fort aléatoire. L'outil d'entraînement Training Tutor que Dave Pelz et moi avons créé résout le problème une fois pour toutes. Je l'utilise dans chacune de mes séances d'entraînement, y compris à Augusta National lorsque je me prépare pour le Masters. Il m'aide pour m'orienter correctement, lire le green, contrôler la vitesse et faire partir la balle en ligne.

UN DÉFI REDOUTABLE

Sur le Putting Tutor, deux petites lignes encadrent la balle, une ligne prolonge la ligne de jeu, et deux petites boules de métal amovibles se placent dans l'une des trois séries de trous à l'extrémité de cet instrument (A). Les trous les plus proches sont très écartés, pour les joueurs ayant de gros problèmes d'orientation. Ils sont ensuite de plus en plus rapprochés, l'écartement ci-dessus étant le réglage « pro ».

B

LEÇON D'ORIENTATION ET D'ALIGNEMENT

J'aime beaucoup ce qui se passe sur la photo (B), et pas uniquement parce que la balle va passer dans l'espace « pro » sans déloger les petites boules métalliques de leur emplacement. Vous remarquerez que le repère d'alignement sur la tête du putter n'est pas tout à fait aligné avec le repère du Putting Tutor. C'est la preuve que j'ai libéré la tête de putter, en lui permettant de se refermer légèrement après avoir contacté la balle, ce qui est normal avec un putter avec le manche au talon. Un instant plus tôt, au moment de l'impact, la face était parfaitement square. Elle continue à tourner bien après que la balle est partie (C), preuve supplémentaire que je tiens très légèrement le putter et que je le libère facilement.

C

À L'ENTRAÎNEMENT

→ AJOUTEZ LE TUTOR À VOS OUTILS

Le Putting Tutor est la meilleure aide à l'entraînement actuellement disponible. On peut le trouver sur le site web de Dave Pelz (pelzgolf.com).

→ PRENONS UNE LEÇON

AVEC LE PUTTING TUTOR, dans la
série de photos à droite, je démontre
comment sont réunis tous les éléments
du putting. Le cordon représente la
ligne de jeu et la ligne du Putting Tutor
est orientée dans la même direction.
Comme vous pouvez le voir, j'estime la
pente à environ soixante centimètres.
Les points blancs représentent le chemin
que va suivre la balle vers le trou. Tous
les facteurs – alignement, orientation,
vitesse et pente – sont regroupés ici.
Le plus important est que la balle
commence à revenir vers le trou presque
immédiatement après la frappe. Lorsque
vous estimez la vitesse et la pente dans
votre lecture du green, comprenez bien
que la balle va commencer à perdre son
élan immédiatement après l'impact.
Le sommet de la pente, là où la balle
commence à « prendre la pente », est
défini au moment qui suit l'impact,
et pas plus tard, comme beaucoup de
joueurs le croient.

L'ORIENTATION DOIT ÊTRE UNE SECONDE NATURE

La balle est partie sur la ligne correcte (A) parce
que l'orientation de la face de club était parfaite.
Habituez vos yeux à enregistrer ce qu'est une
parfaite orientation de la face de manière à le
faire automatiquement sur le parcours.

B

C

N'OUBLIEZ PAS LES BASES

Les principes déjà évoqués sont bien présents ici :
les mains dirigent la tête de club et viennent à
l'intérieur de la ligne de l'objectif après l'impact. (B)
Ne faites pas l'erreur de les lancer vers le trou !

LA PENTE AUGMENTE QUAND LA VITESSE DIMINUE

Si l'on considère une pente régulière, la balle
va suivre davantage la pente à mesure que la
vitesse diminue (C). Prenez cela en considération
pour déterminer la ligne de putt et imaginer la
trajectoire de la balle jusqu'au trou.

→ UN EXEMPLE DE MAUVAISE LECTURE

JE N'AI JAMAIS VU D'AMATEUR JOUER assez de pente sur les putts de plus de six mètres. Toutes les études montrent que les amateurs – et aussi pas mal de pros – ne voient pas autant de pente qu'en réalité. Voici donc comment ils arrivent malgré tout à rentrer ces putts. (1) Ils tapent la balle trop fort et celle-ci prend donc moins de pente. (2) Ils orientent mal la face, qui se retrouve par hasard alignée correctement. (3) Ils font un mauvais mouvement, un putt en push ou en pull qui envoie la balle sur la bonne ligne. Le problème réside dans une mauvaise lecture des greens, mais qui s'accompagne d'une orientation correcte du putter et d'une bonne vitesse de balle. Sur les photos de droite, je vais vous montrer ce qui se passe quand on fait un bon mouvement avec une mauvaise lecture du green.

AUCUNE CHANCE AU DÉPART

Le cordon est aligné à une vingtaine de centimètres au-dessus du trou (A) mais le tee représente la bonne ligne de jeu. La balle part le long du cordon, mais bien en dessous des points blancs représentant la bonne ligne.

VITESSE ET ORIENTATION CORRECTES, MAUVAISE LIGNE

À cet instant, il est évident que la balle va passer
en dessous du trou, même si j'ai bien orienté la face
et que la vitesse est correcte (B et vignette). Je n'ai
simplement pas pris assez de pente.

LA VRAIE CAUSE DE L'ÉCHEC

La plupart des amateurs penseront qu'ils ont fait
un push et vont certainement mettre en cause
leur orientation ou leur mouvement. En réalité,
l'orientation était excellente, mais simplement pas
assez au-dessus du trou.

→ UNE RÉUSSITE ACCIDENTELLE

UNE MAUVAISE LECTURE DES PUTTS est un problème chronique, mais peu d'amateurs savent le diagnostiquer. Ils le corrigent rarement par eux-mêmes, parce qu'ils rentrent assez de putts de longueur moyenne pour être convaincus qu'ils se débrouillent très bien. En réalité, ils rentrent leurs putts uniquement quand ils font une erreur – un pull ou un push – et retrouvent la bonne ligne par accident. Les deux fautes (mauvaise lecture et mauvaise orientation de la face) s'annulent. C'est là où le Putting Tutor est très précieux, parce qu'il révèle la ligne correcte et vous aide à rectifier l'orientation de votre putter en même temps que votre mouvement.

MAUVAISE ORIENTATION, BON RÉSULTAT

Je prends seulement vingt centimètres de pente, comme indiqué par le cordon (A). Vous remarquerez que la balle part bien au-dessus du cordon, car la face est alignée vers le tee, qui représente en réalité la bonne ligne de jeu.

LA TRAVERSÉE

Pour que la balle se retrouve sur le bon chemin (B) indiqué par les points blancs, elle doit passer sous le cordon. À cet instant, la plupart des amateurs ont l'impression d'avoir bien joué la ligne qu'ils avaient choisie, mais ce n'est pas du tout le cas.

Quand vous voyez rentrer un putt comme celui-ci (C), ce sont l'excitation et la satisfaction qui vous font penser que votre lecture a été parfaite. Il y a une solution. Travaillez votre lecture des greens aussi précisément que votre mouvement et votre orientation.

→ LES LONGS PUTTS

AU-DELÀ DE DIX MÈTRES, votre objectif doit être de placer la balle à moins de un mètre du trou, la distance de référence pour rentrer ensuite à coup sûr. La vitesse de balle tient un rôle crucial, c'est pourquoi on voit plus souvent les joueurs faire trois putts en descente qu'en montée. Sur les longs putts, on doit évidemment donner plus de vitesse à la balle que sur les putts courts. Mais il suffit de jouer sur la longueur du mouvement, sans jamais donner d'impulsion brutale en revenant sur la balle.

J'ai mis au point une routine d'entraînement très utile pour améliorer mon toucher et ma capacité à régler la longueur du mouvement. J'ai commencé à l'appliquer deux mois avant le Masters 2006, et elle a joué un rôle très important dans la conquête d'une deuxième veste verte. Je lui ai donné le nom d'exercice 10-15-20. Je commence par disposer trois balles à des distances de dix, quinze et vingt mètres, puis je place des tees en cercle à un mètre autour du trou pour matérialiser l'objectif.

A

**PREMIÈRE ÉTAPE
À QUINZE MÈTRES**

Placez-vous à quinze mètres en gardant la pression sur le grip aussi légère que possible, et faites un long mouvement très fluide, avec le plus de rythme que vous pouvez. Sur vos deux balles suivantes, concentrez-vous sur le réglage de la longueur de votre mouvement pour envoyer votre balle à la distance voulue.

B

**DEUXIÈME ÉTAPE
À DIX MÈTRES**

À cette distance de dix mètres, la réduction de la longueur du mouvement devrait vous offrir la sensation d'un meilleur contrôle. En revenant vers l'impact, votre accélération doit être la même qu'à la distance précédente mais le putter évolue un peu plus lentement à cause d'un backswing plus court.

C

**TROISIÈME ÉTAPE
À VINGT MÈTRES**

À cette distance extrême, vous devez jouer énergiquement chacune des trois balles pour les placer près du trou, et la clef est de contrôler le rythme de votre accélération. Faites un backswing plus long et appliquez en revenant sur la balle la même énergie que sur vos putts plus courts. C'est la plus grande longueur du mouvement qui va apporter la vitesse nécessaire pour que la balle parvienne dans votre cercle de un mètre de rayon.

→ UNE BALLE POUR LA GLOIRE

TERMINEZ VOTRE EXERCICE 10-15-20 par un dernier effort délibéré. Après avoir joué trois balles de chacune de ces distances, j'en remets une dernière à quinze mètres. Sur ce dixième putt depuis ce repère, je m'imagine, comme quand j'étais enfant, que j'ai absolument besoin de faire deux putts pour gagner le Masters ou l'US Open. Mentalement, je sors du mode entraînement pour me placer sous pression. Je me donne aussi un enjeu concret : si je ne place pas ma balle dans le fameux cercle de un mètre autour du trou, je dois recommencer tout l'exercice 10-15-20 depuis le début. Je dois aiguiser ma concentration et me focaliser sur la longueur *exacte* du mouvement me permettant d'obtenir le résultat voulu.

QUESTION DE VIE OU DE MORT

Pour putter cette dernière balle pour la gloire (ci-contre), effectuez votre routine de putting complète. Étudiez le green comme s'il s'agissait du tout premier à cette distance de quinze mètres. Faites quelques mouvements d'essai très déterminés, en visualisant la longueur exacte de backswing nécessaire pour amener la balle dans votre cercle. Et, encore une fois, gardez très légère la pression sur le grip, tout en maintenant votre contrôle du putter.

/ *Ma philosophie*/ « Lorsque vous vous entraînez aux longs putts, évitez de vous placer uniquement sur une partie plate du green. Pour avoir une bonne sensation de la distance, jouez aussi en montée et en descente. »

LES CLEFS D'UN BON MOUVEMENT

Votre mouvement présente deux variables, la longueur du mouvement et l'énergie appliquée vers l'avant. Votre objectif doit être d'éliminer l'aspect variable de l'un de ces éléments : c'est l'énergie déployée pour jouer la balle qui doit toujours être identique. La longueur du mouvement peut varier selon la distance du putt, le roulement du green, les montées ou descentes, mais l'accélération ne change pas. Sur le putt ci-dessus, j'ai accéléré tranquillement le putter, en laissant la vitesse augmenter graduellement (à gauche). Le putter continue franchement sa route après l'impact jusqu'à la fin de la traversée (à droite).

→ LES LEÇONS DU PARCOURS

›

Pour lire ce putt, je me concentre sur la petite distance de fairway que doit franchir la balle avant d'atteindre le green. Mon souci principal est la vitesse. J'ai évidemment besoin de taper un peu plus fermement que si j'étais sur le green, mais la force dépend de la hauteur et de l'humidité du gazon, ainsi que de son grain (dans quel sens pousse-t-il ?).

‹

Pour moi, la lecture d'un green est un sport d'équipe. Pratiquement depuis le début de ma carrière, j'ai eu le même caddie, Jim (Bones) Mackay, et nous parlons le même langage à propos du putting. Lorsque Bones me donne son avis sur un putt, il sait très bien quelle force je vais lui donner. Si vous faites toujours équipe avec le même joueur dans vos matchs de club, il est très rentable de lire les greens de la même façon.

›

À en juger par la longueur de la traversée et à quel point la tête du putter est au-dessus du sol, j'ai joué un très long putt. Sur ce genre de putt, je m'applique à laisser la tête de putter gagner régulièrement de la vitesse au retour vers l'avant. La vitesse du putter à l'impact est déterminée par la longueur du backswing.

«

Je viens de rentrer un putt de deux mètres pour remporter le Northern Trust Open 2009 avec un coup d'avance. Quelle sensation ! Les secrets de putting que je vous ai présentés sont ceux qui sont les plus utiles sous pression : plus la pression est grande, mieux ils fonctionnent. L'un des sentiments les plus agréables en golf, c'est de se trouver devant un putt dont on sait qu'il va rentrer. Si vous travaillez les techniques dont je vous ai parlé, vous en ferez bien plus souvent l'expérience !

« Au chipping, le mouvement idéal doit être agressif, mais sans faire voler trop loin la balle ou la faire rouler trop longtemps. En ajustant la position de la balle, celle de la face de club et la longueur de votre swing, vous pourrez jouer tous les types de chips imaginables. »

49

Ce chip est l'un des nombreux réussis
au CA Championship 2009. Remarquez les mains en avant
de la face de club, bien après l'impact.
C'est la base d'un bon chipping.

→ DEUXIÈME PARTIE

Le chipping

REMPORTER LE CA CHAMPIONSHIP au Doral en mars 2009
a représenté une grande satisfaction, pour plusieurs raisons.
Cinq ans plus tôt, j'avais mené le même tournoi pendant les
trois premiers tours et perdu la tête au 71e trou. Au pied des
tribunes du 18, je devais rentrer un chip en descente pour aller
en play-off, mais ma balle a fait le tour du trou sans rentrer.
Cette fois-ci, j'ai eu le sentiment très agréable de voir mon putt,
pratiquement joué sur la même ligne, s'arrêter tranquillement
près du trou pour un dernier putt donné. Mais, plus important
encore, j'avais la confirmation que mon petit jeu était meilleur
que jamais. ›

JE SORTAIS D'UN MAUVAIS double bogey au premier tour quand au 4, un par 3, ma balle rebondit sur la rive à droite du green et termina sa course dans l'eau. Je devais alors jouer en montée dans la butte alors que le trou était en descente sur le green. Il me fallait ainsi lever rapidement la balle, mais la faire atterrir assez doucement pour qu'elle ne me laisse pas un long putt en roulant trop loin, avec le risque sérieux d'un second double bogey. Je frappai la balle fermement, elle atterrit sur le green et roula doucement jusqu'au trou pour un par crucial. Ce brusque revirement de situation m'aida à faire birdie sur le trou suivant et à revenir dans le par. Je fis encore cinq birdies sur les onze trous suivants.

Arrivé au 17, j'étais tout près de la tête. Mais mon approche termina dans l'herbe touffue à gauche du green. Il me restait un chip délicat à environ huit mètres au-dessus du trou. Je devais envoyer la balle à peu près à trois mètres pour qu'elle roule ensuite lentement jusqu'au trou. Elle jaillit des profondeurs du rough, frappa le collier de green avec juste assez d'effet et termina dans le trou pour le birdie. J'aurais déjà été très satisfait de faire le par…

Sur le dangereux 18ᵉ trou, après un beau drive, mon approche resta courte du green, à environ quinze mètres du drapeau. Je devais alors exécuter un chip très différent des deux précédents. Celui-ci était en montée et contre le grain. Il n'était plus question de ralentir la balle mais de lui faire grimper la petite colline. Ce qu'elle fit parfaitement, en m'offrant mon troisième chip directement rentré de la journée, et une première place que j'allais conserver pendant les quatre tours.

• • •

BIEN QUE CHAQUE COUP PARAISSE différent – en montée vers un drapeau en descente, en descente vers un drapeau court, en montée et contre le grain –, chacun est exécuté selon la même technique, en armant et en tenant les poignets à l'impact. Pour chaque coup, j'effectue de petits ajustements – choix du wedge, position de la balle, angle d'attaque, position de la face de club – mais avec un point commun, le mouvement à la fois agressif et contrôlé dans la zone d'impact. Sur le premier chip, j'avais joué la balle un peu en avant du stance, avec une face ouverte pour faire bien monter la balle. Sur le second, la balle était à peu près au milieu du stance, parce qu'il fallait seulement la faire voler sur quelques dizaines de centimètres, ce que le loft naturel du club permettait de faire. Sur le troisième, la balle était un peu en arrière du stance, ce qui réduisait le loft, favorisant une trajectoire plus basse et un roulement plus important de la balle.

• • •

DEVOIR FAIRE APPROCHE-PUTT m'était souvent arrivé sur le parcours de Riviera plus tôt dans l'année, où les greens sont plus petits qu'au Doral, et j'avais été assez heureux pour gagner. Une fois arrivé au Doral, j'ai pleinement réalisé que mon petit jeu s'était beaucoup amélioré pendant la saison creuse – en grande partie grâce au travail effectué pour écrire ce livre et réaliser un DVD. Depuis que j'étais enfant, dans notre jardin, j'avais travaillé les coups indispensables autour des greens pour scorer, et j'étais parvenu à les réaliser presque automatiquement. À présent, je devais vraiment réfléchir au côté technique afin de pouvoir l'expliquer aux lecteurs et, à mes yeux, cet exercice mental plaçait mon jeu sous un éclairage plus vif.

Ma technique d'armement et de tenue des poignets, la position de la balle, l'étude de la ligne et de la vitesse n'étaient plus seulement issues de ma mémoire, elles étaient bien vivantes et conscientes.

Les chips les plus longs exigent un swing plus agressif et une traversée plus longue.

→ IL SUFFIT D'UN SEUL WEDGE

QUAND J'ÉTAIS PETIT, JE M'ENTRAÎNAIS TOUT LE TEMPS AU CHIPPING. Dans le
jardin, je jouais toutes sortes de coups, et quand je devais faire des balles basses,
je n'avais pas envie d'interrompre ma séance pour aller chercher un fer 9 dans
le garage. J'avais donc trouvé le moyen de faire des balles basses avec le club
que j'avais, un sand wedge ordinaire. Aujourd'hui, sur pratiquement tous mes
chips et tous mes pitchs, j'utilise un de mes wedges 60 degrés (à droite sur la
photo ci-dessous) et je contrôle la trajectoire en modifiant la position de la
balle, en ajustant l'ouverture et la fermeture de la face de club à l'adresse. Cette
stratégie est opposée à celle de nombre des meilleurs joueurs, et à la philosophie
de nombreux enseignants, qui choisissent entre plusieurs clubs. Mais j'aime
n'en utiliser qu'un seul. Je suis habitué à son poids, à son apparence à l'adresse,
à la réaction de la balle à son contact. Pour moi, c'est la façon la plus sûre de
considérer le petit jeu, et je vous recommande vivement de l'essayer.

WEDGES : FAITES VOTRE CHOIX

Les wedges présentés
ci-dessous ont tous
deux un loft de
60 degrés, mais ils
sont très différents.
Si je les fais pivoter
en position ouverte,
la conception du
wedge de gauche élève
nettement le bord
d'attaque au-dessus
du sol. Le « bounce »
(le renflement sous
la semelle) augmente,
ce qui l'adapte à
certaines sorties
de bunker. Pour les
chips et les pitchs,
je préfère le wedge
de droite, car le bord
d'attaque reste à la
même hauteur au-
dessus du sol quelle
que soit son ouverture.

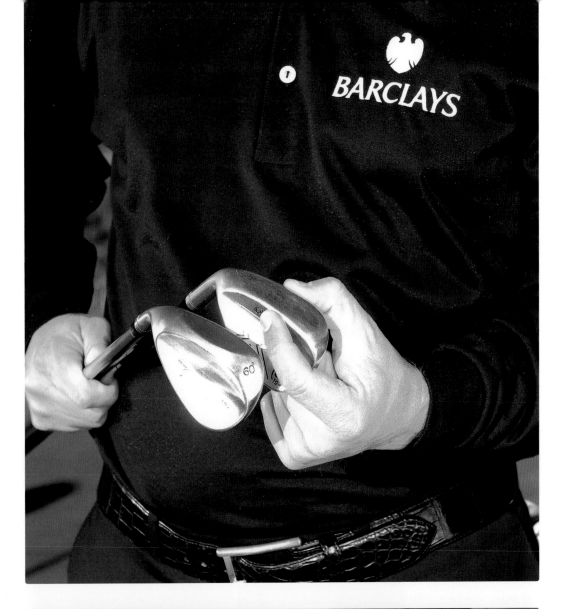

COMMENT FONCTIONNE UN WEDGE

Les spécifications de votre wedge sont affaire de préférence personnelle. Personnellement, je trouve qu'une semelle assez large (ci-contre en haut) aide à bien réaliser les coups où il faut volontairement frapper légèrement derrière la balle. Il faut aussi un wedge dont le bord d'attaque est un peu au-dessus du sol, même quand la face de club est square à l'adresse.

→ SIMPLIFIEZ VOTRE POSITION

MA POSITION EST DEVENUE une seconde nature. Après avoir joué depuis si longtemps, je n'y pense pratiquement jamais. Pour vous, le véritable objectif doit être de vous glisser naturellement dans votre position à l'adresse, sans avoir à penser aux mécanismes. Elle doit être plus inspirée par votre système sensoriel que par la technique, en mettant fortement l'accent sur les sensations. Au sujet du grip par exemple, je pense davantage à tenir légèrement le club qu'aux aspects techniques du grip – fort ou faible, la direction où pointe le V formé par le pouce et l'index, etc. C'est la même chose pour mon stance et ma posture. Je fais plus attention à vérifier que mon corps est détendu qu'à rechercher la perfection décrite dans les livres. Comme le mouvement de chipping est réduit, il n'est pas nécessaire de préparer le corps à faire un mouvement important.

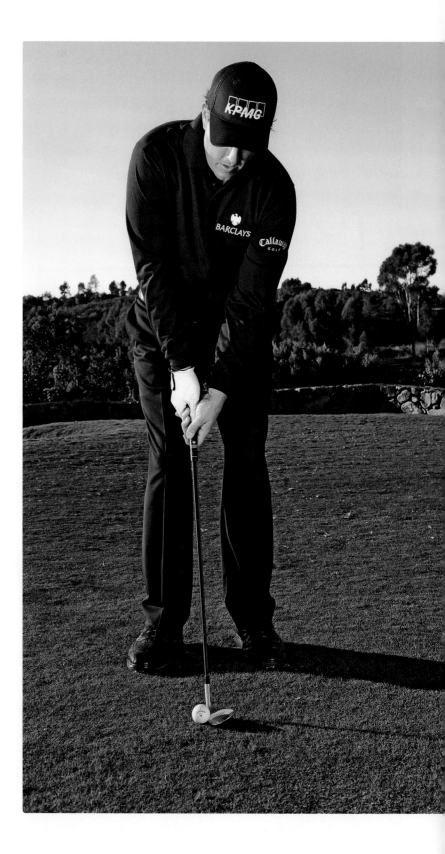

LE CHIP DE BASE : RIEN DE SPÉCIAL

Les chips sont principalement des coups de sensation. Pour élever votre sens du toucher, tenez le club très légèrement et prenez un stance étroit, les pieds assez proches l'un de l'autre. Vérifiez que le haut du corps, les bras et les mains sont détendus et qu'il n'y a aucune tension dans les jambes. Plus votre corps entier sera souple, plus vos sensations, votre rythme et votre tempo seront détendus au moment d'exécuter le swing.

PRÉPAREZ VOTRE SUCCÈS

Il est important que rien ne soit tendu et mécanique dans votre position. Laissez pendre naturellement les bras sans devoir aller chercher la balle à l'adresse. Assurez-vous de vous pencher juste assez en avant pour que les bras aient la place d'effectuer librement le backswing (ci-contre). Tenez le club un peu plus fermement que le putter. Vos poignets doivent se sentir assez libres pour s'armer facilement au backswing (vignette ci-dessus). Si vous respectez ces principes inspirés par les sensations, vous aurez régulièrement la même position devant la balle, sans avoir à y penser consciemment.

→ LE MOUVEMENT DE BASE

doivent être joués avec la même méthode. Ma technique d'armement et de tenue des poignets s'applique aux pitchs, aux chips, aux sorties de bunker, aux flops et aux coups lobés. Je répète souvent ce mouvement d'armer et de tenir mes poignets car c'est la pierre angulaire de mon petit jeu. Et le mieux, c'est qu'il n'est pas nécessaire d'avoir un talent hors du commun pour bien faire. C'est simple, facile à exécuter, et l'apprentissage est rapide.

Voici comment faire : armez rapidement les poignets au backswing, tout en limitant la longueur du swing des bras. À la descente, maintenez simplement l'armement des poignets et accélérez dans la balle avec les bras. Il n'y pas de « libération » comme on le dit souvent, car il ne s'agit pas de jeter délibérément la tête de club sur la balle. Les mains dirigent à la descente, et le club suit. En gardant intact l'armement des poignets, on freine en même temps la rotation des mains et la face de club reste square à l'impact et à la traversée, garantissant que la balle démarre sur la bonne ligne.

ARMEZ LES POIGNETS À LA MONTÉE

En démarrant le swing, le premier mouvement consiste à armer tranquillement les poignets. Sur les petits chips, les mains ne s'éloignent pas de la balle (ci-dessus) et les bras restent très calmes. Conservez un grip léger pour pouvoir armer les poignets avec la souplesse et le rythme voulus. N'arrachez jamais le club en l'éloignant de la balle.

Ne swinguez jamais
votre bras avant trop
en arrière, même sur
des chips plus longs
ou ceux qui demandent
plus de hauteur et
une plus grande
vitesse de la tête de
club. C'est l'ampleur
de l'armement des
poignets qui modifie
la vitesse. Sur les
photos ci-contre, je
joue deux types de
coups. En haut, je joue
un chip long avec une
trajectoire basse, alors
que, sur l'autre photo,
je joue un coup plus
long de quinze mètres,
ce qui implique une
trajectoire plus haute
et une plus grande
vitesse de la tête
de club. Notez que
le swing des bras
varie assez peu sur
les deux coups, alors
que l'importance
de l'armement des
poignets change
beaucoup.

→ TENEZ BON À L'IMPACT

LA CAUSE PRINCIPALE DE NOMBREUX PROBLÈMES AU PETIT JEU, c'est l'impulsion donnée en désarmant les poignets à la descente pour libérer la tête de club. L'anxiété en est responsable, le sentiment qu'il faut faire quelque chose de spécial pour monter la balle ou pour délivrer la tête de club sur elle. En vérité, il n'y a qu'une seule manière correcte d'effectuer la descente, c'est de maintenir l'armement des poignets. Si vous les conservez armés en accélérant simplement les bras vers l'avant, il ne peut rien vous arriver de grave. Vous allez préserver à l'impact le loft que vous avez défini à l'adresse. Vous allez accélérer dans la balle et mieux contrôler votre distance. Vous contacterez la balle comme il faut, sans risquer de top ou de gratte. Votre rythme et votre tempo seront tranquilles, ce qui améliorera vos sensations. Enfin, vous allez ramener la tête de club selon un angle correct, ni trop verticalement ni trop horizontalement. Faites confiance à cette technique et utilisez-la sur chaque coup – c'est la seule façon de jouer.

LE CLUB SUIT LES MAINS ET LES BRAS

Vous pouvez maintenir l'armement des poignets à l'impact sans craindre de « délofter » le club ou de ne pas faire monter suffisamment la balle. En réalité, le fait de garder les poignets armés produit plus de hauteur que le fait de libérer le club, parce que vous ne pouvez pas faire de top. Menez l'action avec les mains, la tête de club restant derrière (ci-dessous) et faites confiance au loft de la face pour produire la montée de balle voulue.

/ La philosophie de Phil / « À l'impact, le manche de club est légèrement incliné vers l'objectif. Il peut être utile de penser à maintenir le même angle d'inclinaison plusieurs dizaines de centimètres après l'impact. »

LA TÊTE DE CLUB NE DÉPASSE JAMAIS LES MAINS

Même en traversant, le dos de ma main avant ne bouge pas. Le logo du gant fait face à l'objectif, et pas au sol. C'est la preuve que j'ai maintenu l'armement des poignets et refusé de laisser passer la tête de club. Notez la ligne droite formée par le manche et le bras avant, autre preuve que mes mains ont montré la voie.

→ ERREUR N° 1 : LE CLUB DÉPASSE LES MAINS

JE CROIS QU'IL FAUT PARLER DE CE QU'IL FAUT FAIRE dans le swing et pas de ce qu'il *ne faut pas* faire, mais certaines erreurs sont si fréquentes, avec des conséquences désastreuses, qu'elles méritent d'être mises en évidence. Si vous réalisez que vous en êtes la victime, il est vraiment temps d'agir dès maintenant. Aucun des principes d'un bon chipping ne peut être efficace si vous ne corrigez pas ces fautes.

La première erreur est de permettre à la tête de club de dépasser les mains. Si votre handicap est largement dans les deux chiffres, il est probable que vous commettez cette erreur – et pas seulement au petit jeu. Permettre à la tête de club de passer devant les mains en désarmant les poignets ruine aussi le grand jeu. Si cette pratique affecte votre arsenal de golfeur, vous ne taperez de bons coups que par accident, pas par votre talent.

UN MAUVAIS CONTACT À COUP SÛR

Si la tête de club est libérée trop tôt, elle joue à rattraper les mains. À l'impact, le manche est incliné vers l'avant, la tête vers l'objectif, ce qui place le bord d'attaque en avant, remontant vers le sommet de la balle. Résultat, un top très classique, avec la balle partant trop bas et trop vite, avec peu d'effets (à droite). Notez aussi que la face de club s'est refermée. Vous allez payer cher, à la fois en trajectoire et en direction.

COMMENT VOUS NE VOUDRIEZ PAS VOUS VOIR

Vous avez certainement déjà vu ce type de finish (à gauche). Si c'est votre cas, je vous suggère de maintenir votre position à la traversée et d'examiner la relation entre votre bras avant et votre club. Si vous finissez comme ci-contre, les mains ont arrêté d'accélérer et la tête de club les a dépassées. À ce moment du swing, vos mains devraient être plus proches de l'objectif que la tête de club.

LIMITER L'ARMEMENT DES POIGNETS RÉDUIT VOS CHANCES

Le backswing avec les poignets bloqués, tel que je l'exécute ci-contre, amène à revenir vers la balle dans un angle très plat, ce qui met en jeu le bord d'attaque. Cela peut provoquer des tops, à moins de contacter le sol avant la balle. La tête de club rebondit alors, ce qui entraîne aussi un top. Au mieux, la méthode du cadran d'horloge offre peu de toucher et de contrôle de la distance.

→ ERREUR N° 2 :
LE COUP DE L'HORLOGE

CERTAINS ENSEIGNANTS ESTIMENT que le backswing et la traversée doivent être de même longueur. Ils prennent pour repère le cadran d'une horloge et suggèrent par exemple qu'un club placé à quatre heures au backswing doit se retrouver à huit heures à la traversée. Pour moi, cette conception pose quelques problèmes. D'abord, elle encourage à faire le swing uniquement avec les bras, sans référence à l'armement des poignets. Ensuite, elle conduit à approcher de l'impact selon un angle d'attaque très plat, le club parallèle au sol au lieu de descendre sur la balle. Enfin, la référence au cadran d'horloge provoque une tension excessive des bras et des mains, car on essaie de les faire fonctionner en bloc à l'aller et au retour. Le mouvement paraît alors raide et fabriqué, sans aucune fluidité. Cela pose plus encore de problèmes sur les longs chips, où l'armement des poignets est nécessaire, au moins pour des questions de vitesse. Cette méthode n'est pas concluante et devrait être écartée de tous les ouvrages de technique.

→
UN TOP, MAIS PAS AU TOP !

Avec la méthode du cadran, le contact de balle est rarement solide. Vous vous sentez maladroit parce que vous avez fait un top, la balle se comporte de manière incontrôlable, avec différents effets d'un coup à l'autre, la montée est trop longue par rapport à la traversée (vignette). L'ensemble de cette méthode conduit à serrer trop fortement le club, et la rigidité des bras détruit tout votre toucher.

→ TOUJOURS EN ACCÉLÉRATION !

POUR QUE LA TECHNIQUE « ARMEZ ET TENEZ LES POIGNETS » soit efficace, les bras et les mains doivent accélérer tout au long de la descente. Ils seront en fait au plus vite juste après l'impact. Si vous regardez au ralenti des séquences de chipping de grands joueurs, vous remarquerez que les bras et les mains vont plus vite à la traversée qu'au backswing. Indispensables à chaque chip, l'accélération et le rythme en sont la cause. Si vos mains agissent de manière décidée dans la balle, la tête de club suivant le mouvement, vous pouvez être certain que la tête de club va venir sur la balle dans un angle correct et attraper proprement la balle. La face de club sera square à l'impact, ce qui garantira un départ de balle dans la bonne ligne. Le loft de la tête sera identique à celui qui a été établi à l'adresse, et la balle quittera la face de club à la hauteur que vous avez imaginée en étudiant votre coup.

LES MAINS ACCÉLÈRENT, PAS LA TÊTE DE CLUB

Il est important d'accélérer avec les mains et les bras, et tout aussi important de ne pas vouloir accélérer la tête de club en désarmant les poignets. Pensez que le club est une extension des bras et des mains, et faites-les travailler comme une unité. Le club suit les bras et les mains dans leur action, et il est utile d'imaginer que la tête de club ne va jamais plus vite que les bras. L'accélération des bras et des mains à la traversée permet de contrôler vitesse et distance (à droite).

LES MAINS VONT VERS L'OBJECTIF

Pour vous aider à accélérer, il peut être utile de visualiser une ligne reliant la balle à l'objectif. En revenant vers l'avant, les mains suivent directement cette ligne et ne s'arrêtent pas tant que la balle n'est pas partie en direction du drapeau. Cette image favorise également la précision du coup : si vous faites jouer les mains sur la ligne de l'objectif, la tête de club la suivra elle aussi.

→ PREMIÈRE OPTION DE CHIP

PARLER DE « TRAVAIL DE BALLE » s'applique généralement au plein swing, mais il ne faut pas le négliger au petit jeu. Je suis toujours flatté quand le public me complimente sur mon imagination autour des greens. Elle trouve son origine dans mon envie d'essayer toutes sortes de types de coups à partir du même endroit. L'exemple le plus flagrant de travail de balle au petit jeu, c'est ma façon de jouer un petit chip avec une balle bien placée. L'une des options (que je n'applique pas très souvent), c'est de jouer un fer 9. C'est l'une des rares occasions où je ne prends pas mon wedge à 60 degrés, mais ce fer 9 est vraiment très utile quand il s'agit de faire rouler rapidement la balle sur le green, avec aussi peu d'interrogations que possible. C'est une bonne solution pour un chip en montée vers un green en pente de l'arrière vers l'avant.

LA BALLE EN AVANT DU STANCE

Avec mon fer 9 (ci-contre), je n'ai pas besoin de réglages particuliers pour faire une balle basse. Son loft est de 42 degrés seulement par rapport aux 60 degrés de mon wedge, il n'est donc pas nécessaire de jouer la balle en arrière du stance ou d'incliner le manche vers l'avant pour produire une balle basse. Je n'ai pas besoin non plus de frapper aussi fermement qu'avec le wedge.

MOINS DE LOFT, PETIT MOUVEMENT

Pour jouer un fer 9, mon backswing est court, avec peu d'armement des poignets et pas de swing des bras (vignette). Je conserve la tête de club le long du sol, selon un plan d'attaque de la balle assez horizontal, presque comme pour un putt. La descente est simple et déterminée, sans donner beaucoup de force. Je me contente de ramener les mains vers l'objectif et de garder la tête de club près du sol pendant toute la traversée (ci-contre). La balle part avec peu de backspin, à cause du loft réduit et de la faible vitesse du club. La balle commence à rouler presque immédiatement après avoir atterri sur le green.

→ DEUXIÈME OPTION DE CHIP

DU MÊME ENDROIT et la balle dans la même position, j'utilise à présent mon wedge à 60 degrés. Toutes choses égales par ailleurs, je préfère jouer ce coup avec le wedge, car il m'offre plus de possibilités d'effets et de trajectoires. Et cette option est vraiment la meilleure quand j'ai suffisamment de surface de green pour travailler et que le coup est en descente, parce que la balle va atterrir plus doucement et mordre davantage le green. Ma position ne diffère de la première option que pour le placement de la balle, cette fois en face de mon pied arrière. Cela réduit en réalité le loft de la face, et la balle aura une trajectoire à peine plus haute qu'avec le fer 9, mais avec beaucoup plus d'effet. Vous remarquerez que les mains paraissent être plus en avant qu'avec le fer 9, mais la position des mains est en réalité pratiquement la même. Cette illusion d'optique vient de l'inclinaison du manche vers l'objectif.

LA POSITION DÉTERMINE LA FORME DU SWING

En reculant la balle dans le stance (ci-contre), j'ai programmé un backswing très vertical, de même que l'angle de retour sur la balle. Modifier la position de la balle et le choix du club influence le comportement de celui-ci et le résultat du chip, sans avoir à modifier consciemment la forme du coup. C'est une façon efficace de créer des coups de golf.

QUAND IL FAUT UN PEU « MORDRE »

La position de la balle implique un angle d'approche vertical et un contact propre. Grâce à la situation favorable de ma balle, bien posée sur le gazon, je peux facilement la jouer directement et laisser la tête de club poursuivre en descendant, avec un petit divot (ci-contre). L'angle d'attaque aigu aide les stries de la face à pincer la balle et à donner du backspin, même si mon swing n'est pas très rapide. La balle va partir bas, et après avoir atterri sur le green, elle va faire quelques rebonds et freiner au moment de rouler. Notez bien que les mains poursuivent vers l'avant après l'impact (vignette). Bien que j'aie frappé vers le bas, je traverse dans la balle sans m'arrêter au passage.

→ TRAVAILLEZ VOS TRAJECTOIRES

DÉVELOPPER UN BON PETIT JEU exige bien sûr de l'entraînement, mais surtout un entraînement bien fait. Ce n'est pas la quantité de temps passé à travailler autour des greens qui constitue le principal facteur de progrès, c'est la qualité du temps passé. La plupart des amateurs pensent que s'ils dépensent assez de temps et d'efforts, les résultats vont suivre. Mais ce n'est pas toujours vrai. Si vous ne travaillez pas dans le bon sens et ne variez pas l'entraînement, votre progression pourrait bien s'arrêter là. Pour s'entraîner intelligemment, il faut varier les trajectoires. Votre amélioration sera réelle et durable si vous savez contrôler en permanence les modifications de trajectoire en fonction de la position de la balle, de l'orientation de la face de club, du choix de club. Ne jouez jamais longtemps le même coup. Libérez votre imagination en mixant distances et trajectoires. Vos séances d'entraînement deviendront plus amusantes et stimulantes, vous aurez une plus grande maîtrise des différents coups une fois sur le parcours.

CHOISIR DES BALLES HAUTES

De manière générale, il faut jouer des balles hautes (ci-contre) dans les situations suivantes : (1) quand il n'y a pas beaucoup de green ; (2) quand le green est dur ou rapide et qu'il faut vite arrêter la balle ; quand le green est surélevé. Pour des balles hautes, la balle doit être assez bien placée. Avec de l'entraînement, vous arriverez à jouer des balles hautes dans l'herbe haute et sur des sols peu fournis – je vous expliquerai plus tard comment faire – mais, la plupart du temps, la balle doit être assez bien placée pour que vous puissiez la contacter proprement.

CHOISIR DES BALLES BASSES

Les trajectoires basses (ci-contre) sont en général les chips les plus faciles à jouer et les plus sûrs, avec la plus grande marge d'erreur. Vous devez les choisir quand : (1) vous avez pas mal de place sur le green ; (2) la balle est peu enfoncée ou sur un sol très pauvre ; (3) vous devez amener la balle en haut d'un double plateau. En vous entraînant, alternez entre trajectoires hautes et basses, sans oublier les trajectoires intermédiaires !

→ # CONTRÔLER LA HAUTEUR DE MANIÈRE INFAILLIBLE

JOUER DES BALLES HAUTES DEMANDE d'ouvrir la face de club à l'adresse, vous le savez maintenant. Mais si vous en restez là sans procéder à d'autres ajustements, vous aurez peu de chance d'être régulier en termes de hauteur, de direction et de solidité de contact. Pour obtenir un résultat décent, il vous faudra probablement bricoler un type de swing inhabituel et peu confortable. De fait, ouvrir la face de club correctement implique d'ajuster le grip, le stance et la position du corps. Les joueurs qui parviennent à donner beaucoup de hauteur donnent l'impression d'avoir des mains en or et un sens aigu du « timing ». Régler la hauteur peut paraître difficile, mais ce n'est pas du tout le cas. Pour jouer un chip très haut ou un flop, il suffit de respecter une procédure simple avant de démarrer le mouvement. Ensuite, l'exécution est facile.

PREMIÈRE ÉTAPE : PLACEZ-VOUS SQUARE

Commencez par vous aligner square par rapport à l'objectif – face de club, stance et épaules (A). Il est important d'apprendre à bien se placer à l'adresse, assez précisément pour ne plus avoir à y penser, et une bonne manière de faire est de placer un club au sol, parallèlement à votre ligne de jeu. Vous pouvez aussi demander à un ami de vérifier que le bord d'attaque de la face de club est correctement orienté.

A

(B)

DEUXIÈME ÉTAPE : OUVREZ LA FACE DE CLUB

Le stance toujours square, ouvrez la face de club (B). L'importance de l'ouverture dépend de la longueur du coup et de la hauteur de trajectoire recherchée. Commencez par ouvrir la face de manière à voir le bord d'attaque orienté à deux heures sur un cadran d'horloge... ou à dix heures si vous êtes gaucher comme moi !

**TROISIÈME ÉTAPE :
STANCE OUVERT AVEC
FACE SQUARE**

L'étape suivante
de cette procédure
consiste à ouvrir
progressivement le
corps jusqu'à ce que
la face de club soit
square par rapport
à l'objectif. Ne vous
contentez pas de
tourner les pieds,
laissez les épaules
pivoter en même
temps de manière à ce
que tout le corps soit
ouvert par rapport à
l'objectif. En procédant
ainsi, assurez-vous de
ne pas déplacer les
mains. Notez que le
grip reste le même
qu'à l'adresse (C).

UNE PROCÉDURE INFAILLIBLE

→ OUVRIR LE CORPS COMME LA FACE DE CLUB

UNE FOIS LA FACE DE CLUB OUVERTE par rapport à l'objectif, beaucoup
d'amateurs s'arrêtent là et font leur swing. Ce n'est pas suffisant car
la face n'est plus du tout orientée vers l'objectif et il faut combattre
de manière artificielle un plan de swing extérieur-intérieur pour
obtenir une balle haute et droite. Couper la balle ne favorise pas
la solidité de la frappe de balle, car la tête de club approche de la

Avant de commencer le backswing, le dernier réglage est de reprendre le grip (D). En effectuant la procédure entière, on n'a que trop tendance à commettre l'erreur de tourner les mains pour manipuler la face de club. Son ouverture devient trompeuse, car les mains vont vouloir reprendre au cours de la descente la position qu'elles avaient à l'adresse. Jusqu'à ce que la procédure devienne pour vous naturelle, pensez à regripper le club, pour garantir que la tête de club est bien ouverte par rapport aux pieds et aux épaules, mais square par rapport à l'objectif, lorsque la procédure de mise en place est achevée.

balle selon un angle trop vertical. Vous risquez aussi une « socket » désastreuse car c'est le manche et le talon de la tête de club qui arrivent d'abord sur la balle. Enfin, il est difficile de maintenir à l'impact le degré exact d'ouverture défini à l'adresse. Il vous faut quelques réglages supplémentaires pour avoir un loft suffisant sans swinguer pour autant de l'extérieur vers l'intérieur.

→ RASSEMBLER TOUS LES ÉLÉMENTS

AVEC DE L'ENTRAÎNEMENT, NOTRE PROCÉDURE en quatre étapes va se dérouler de manière fluide, sans à-coups. Tout comme le swing a un rythme, la préparation d'un coup doit en avoir un aussi, tout aussi plaisant. Quand un joueur du PGA Tour déclare : « J'étais bien dans le rythme », il parle tout autant du calme de sa préparation et de la façon dont il passe d'un coup à l'autre que de la façon dont il a swingué le club. C'est en tout cas ce que je sens quand je joue bien.

En vous entraînant à assembler les quatre éléments de votre procédure, apprenez à l'appliquer de manière aussi déterminée et enchaînée que possible, de manière à ce qu'elle soit devenue naturelle lorsque vous commencerez à l'utiliser sur le parcours. Le secret, c'est de visualiser clairement le coup à jouer avant de vous mettre en place. Ainsi, vous pourrez commencer votre procédure avec une intention claire. Si vous ressentez le moindre doute en cours de route, retirez-vous et recommencez tout. Il vaut mieux ne rien regretter.

AVEC UN OBJECTIF DANS LA TÊTE

Le but de cette procédure en quatre étapes n'est pas simplement d'ouvrir le club à l'adresse. On oriente la face de club vers l'objectif (ci-dessus) puis on la tourne pour l'ouvrir (au centre) pour pouvoir la garder ouverte à l'impact. Si vous ramenez la face de club fermée à l'impact, votre travail est gâché. D'un autre côté, en conservant le loft que vous avez établi (ci-contre), la balle ne peut que sortir avec la trajectoire programmée.

ALLEZ-Y ENFIN

Vous êtes maintenant prêt à toucher les dividendes de votre travail. Une fois votre procédure achevée, faites un mouvement normal en armant et en tenant les poignets. Ne modifiez pas votre swing en coupant la balle de l'extérieur vers l'intérieur, en swinguant trop fort, ou en essayant de faire monter la balle. Gardez légère la pression sur le grip, accélérez les mains et les bras sur la ligne de l'objectif (ci-contre) en maintenant l'armement des poignets. Assurez-vous que la face de club ne se referme pas afin de ne pas modifier le loft instauré à l'adresse et faire partir la balle trop bas. Vous allez être surpris de la rapidité de vos progrès dans cette procédure. Vous aurez très vite un excellent contrôle de la trajectoire de balle, de sa distance en vol et de son comportement une fois parvenue sur le green.

→ UN CHIP HAUT ET EN DOUCEUR

L'UN DES COUPS LES PLUS IMPRESSIONNANTS dans l'arsenal des pros, c'est le chip qui monte très haut malgré un swing très court. À première vue, il semble impossible d'envoyer une balle aussi haut avec un mouvement qui ne peut pas donner beaucoup de vitesse à la tête de club. C'est impressionnant aussi pour une autre raison. Il est évident que le joueur doit contacter très précisément et taper fermement la balle, ce qui n'est pas simple avec une face de club ouverte. Si vous ne touchez pas la balle au « sweet spot » exact de la face, vous ne pouvez pas donner assez d'énergie pour la faire monter très haut et elle sortira trop court. Malgré tout, vous pouvez apprendre à jouer ce chip, et il est vital de l'ajouter à votre répertoire. C'est un outil très utile pour chipper en descente ou lorsque vous avez peu de green pour travailler.

UN TEST RÉVÉLATEUR POUR LES AMATEURS

Quand vous faites un chip vers un green ferme, très roulant et en descente (ci-contre), il est important de faire atterrir la balle à un endroit très précis. La balle doit aussi arriver de haut (presque verticalement) pour éviter de trop dépasser le trou. Ce n'est pas par le backspin que vous allez contrôler la distance – le coup est trop court pour en donner beaucoup – mais par la trajectoire. Il faut un toucher doux, précis, et une bonne technique pour s'en sortir.

RÉGLEZ LE BACKSWING DE VOTRE COUP

Comme sur tous les coups, il faut accélérer à l'impact. La longueur du backswing est critique. S'il est trop long, vous allez ralentir et rater votre coup, rester trop court du green. S'il est trop court, vous aurez tendance à précipiter la descente et à assommer votre balle – une autre source de désastre. Il faut programmer ce coup méticuleusement, avec la face de club ouverte. Il faut s'assurer d'être en position très précise pour être sûr d'avoir un contact solide (ci-dessus). Il s'agit enfin de trouver la bonne longueur de backswing (ci-contre) pour garantir une accélération adéquate.

Pour faire rapidement monter la balle, vous devez programmer un loft important dès l'adresse. Ouvrir suffisamment la face de club vous permet de descendre de manière décidée et en accélération, sans craindre de projeter la balle en avant et trop à plat. Vous obtiendrez une grande vitesse de balle, mais elle volera très haut. En fait, la balle va couvrir plus de distance verticalement (ci-contre) qu'horizontalement. Gardez bien en tête qu'il ne s'agit pas d'un « flop shot ». Vous effectuez un backswing et une traversée plus courts, et vous contactez la balle de manière très ferme au lieu de passer trop en douceur.

UN CHIP HAUT ET LÉGER

→ « PINCER »
AU LIEU DE
« GLISSER »

QUEL QUE SOIT LE COUP DE GOLF, C'EST L'IMPACT qui compte vraiment. En étudiant mon explication des différents coups de petit jeu, vous aurez remarqué que je donne beaucoup d'importance au mouvement de la tête de club au moment de l'impact, et pourquoi je le fais. Vous pouvez rechercher pas mal de conditions d'impact différentes dans le chipping, le pitching, les flops et les lobs. Mais, au chipping, votre objectif doit toujours être le même, pincer la balle à l'impact. Sur un

L'HERBE PEUT RACCOURCIR VOTRE FINISH

C'est une trajectoire haute, mais pas autant que sur un flop ou un lob, ou même sur un pitch plus long. Il ne s'agit pas de donner un effet énorme ou d'expédier la balle dix mètres en l'air. Il faut une descente courte, franche, dans un angle aigu, et la tête de club risque de rencontrer quelque résistance dans l'herbe. Cela vous donnera parfois un finish raccourci, parfois non. Sur la photo ci-contre, j'ai clairement accéléré dans la balle, mais ma traversée est assez courte car non seulement la vitesse de swing n'était pas très grande, mais l'herbe a encore ralenti la tête de club. Notez que les mains ont dirigé l'action, et que la face de club est restée ouverte. Résultat, la balle a atterri « morte » sur le green, seule la pente l'entraînant vers le trou.

chip haut et en douceur, il faut un peu compresser la balle, comme si les stries de la face de club arrachaient sa couverture. C'est pourquoi j'aime voir la tête de club descendre selon un angle assez aigu et accélérer dans la balle. Sur certains coups, on peut vouloir « glisser » la tête de club sous la balle, pour obtenir un contact volontairement imparfait. Mais pour le présent coup, il faut obtenir la qualité d'impact que donne l'action de pincer.

→ UN CHIP
BAS ET
ROULÉ

SI VOUS AVEZ BEAUCOUP D'ESPACE SUR LE GREEN pour travailler la balle, il est pratiquement toujours préférable de faire un chip bas permettant de la faire beaucoup rouler plutôt qu'un chip haut et en douceur, parce que c'est plus sûr. Un chip bas présente une bien plus grande marge d'erreur, car il demande un swing plus court et qu'il est plus facile de frapper fermement. La balle étant en arrière du stance, il est donc plus aisé de la contacter avec solidité que si elle est plus en avant. Intervient aussi le fait que l'on diminue le loft de la face quand les mains sont en avant de la balle et que l'on oriente la face square. Ces deux facteurs pardonnent davantage les petites erreurs de frappe. Il est aussi plus facile de prévoir le comportement de la balle quand elle arrive sur le green et de l'envoyer sur la bonne ligne, elle risque moins de rebondir de manière hasardeuse si elle rencontre quelques imperfections de surface. On peut faire confiance à la trajectoire basse pour jouer la sécurité.

UNE BALLE BASSE RÉDUIT LES RISQUES

La situation ci-contre est similaire à celle du chip haut et en douceur des pages précédentes. Tant que la balle dispose d'espace pour rouler, le chip bas est généralement le meilleur choix. Sur la photo ci-contre, la balle a atterri juste après le collier de green et va effectuer le reste du trajet en roulant vers le trou. Sur ce coup, il y a davantage de backspin que sur un chip haut et la balle va freiner après l'atterrissage, ce qui lui évitera de traverser tout le green.

BALLE EN ARRIÈRE, FACE SQUARE

D'une certaine manière, le chip bas est comparable à un putt. Le bord d'attaque de la face est directement orienté vers l'objectif, et la balle est placée un peu plus en arrière du stance (vignette) que pour un chip standard ou un pitch. Parmi les deux principaux aspects du chipping, la direction et la distance, l'élément direction est le plus simple à régler. Ainsi, choisir de faire une balle basse est le plus judicieux quand il n'est pas nécessaire d'arrêter rapidement la balle après son arrivée sur le green.

PRÉPAREZ UNE DESCENTE VERTICALE

Comme la balle est placée plus en arrière du stance que pour un chip standard, un swing normal va donner un backswing plus vertical (ci-contre) et un angle de descente plus accentué sur la balle. Mon swing peut paraître long, mais il ne repose pratiquement que sur les poignets, et j'actionne très peu les bras. Ainsi, je suis certain de donner une bonne vitesse à la balle, mais je ne risque pas de l'expédier de l'autre côté du green.

UN CHIP BAS ET ROULÉ

→ CONTRÔLER L'ANGLE D'ATTAQUE

ACCENTUER L'ANGLE D'ATTAQUE FACILITE grandement ce coup. Vous pouvez voir que j'ai eu un contact très franc en pinçant la balle, et c'est grâce au plan de descente très vertical. Bien que la balle soit sortie bas, c'est avec énormément de backspin. Et si la situation était moins favorable, avec la balle enfoncée dans une herbe plus haute, cet angle d'attaque serait encore plus à mon avantage. L'herbe pourrait contrarier l'effet rétro de ma balle, mais la contacter en descendant autoriserait néanmoins un contact décent. Quelle que soit la position de la balle, un coup décidé en descendant vous donnera un meilleur contrôle de la distance et de la direction. Pour autant que l'on conserve le bord d'attaque de la face orienté vers l'objectif à l'impact et au-delà, il est facile de prévoir comment la balle va réagir.

ACCÉLÉREZ, MÊME SUR LES PLUS PETITS CHIPS

Ce n'est pas un très long coup, et il réclame moins de vitesse encore qu'un chip haut. Malgré tout, je conserve mon idée d'accélérer jusqu'au finish (ci-contre). Avec les mains vers l'avant !

LA TÊTE DE CLUB SUIT
LE MOUVEMENT

Il est toujours très
important de garder
les mains devant la
tête de club, mais
c'est encore plus vrai
quand il s'agit de
faire une balle basse
(ci-dessus). En plus
de réduire le loft de
la face, cela encourage
un solide contact de
la balle et facilite son
départ bien en ligne.
Ma traversée terminée
et la balle ralentissant
en roulant vers le trou
(ci-contre), j'attends
que la balle suive la
pente en direction
du trou et finisse à
moins de un mètre de
celui-ci.

→ SORTIR DES MAUVAIS « LIES »

SE RETROUVER EN MAUVAISE POSITION FAIT PARTIE DU GOLF. Bien des coups qui ratent le green laissent la balle en situation inconfortable et beaucoup testent vraiment vos aptitudes. Le problème de ces « bad lies » est qu'ils limitent le contrôle de la balle. Quand votre balle est enfoncée dans l'herbe haute, vous aurez de la chance si vous donnez du backspin et le contrôle de la distance comme de la trajectoire sera fort aléatoire. Je joue au golf depuis près de trente-cinq ans, mais, même avec mon entraînement et mon expérience, il m'arrive de ne pas savoir comment la balle va réagir dans certaines situations. J'ai appris à accepter cette réalité des faits et les limites qu'ils placent à mon jeu, mais j'essaie constamment de nouvelles techniques – dont la plus efficace est celle que je vous présente ici – et, en affinant ma stratégie, je suis arrivé à sauver fréquemment le par et à limiter les dégâts quand je n'y parviens pas. Ces situations me coûtent rarement plus d'un coup.

CE N'EST PAS SI GRAVE !

Vous voyez ci-dessous ce que l'on appelle un mauvais « lie » avec la balle bien enfoncée dans l'herbe. Sa réaction va dépendre de la densité et de l'humidité de l'herbe, de la profondeur où elle est enfoncée et de la qualité du contact. Une chose est sûre : bien que la situation soit délicate, vous pouvez apprendre à jouer assez bien la balle pour avoir une bonne chance de faire approche-putt.

FACE DE CLUB OUVERTE, BIEN SÛR

En voyant la balle enfoncée dans l'herbe haute auprès du green, votre premier réflexe sera sûrement de la déterrer au moyen du tranchant de la tête de club. En fait, vous aurez un plus grand contrôle et un bien meilleur résultat en ouvrant la face de club à l'adresse (ci-contre et ci-dessus). Vous allez devoir frapper avec un peu de force pour pénétrer dans l'herbe et votre seule chance de ne pas expédier la balle trop loin, c'est d'ouvrir la face. Vous allez non seulement augmenter le loft, mais aussi utiliser la semelle de la tête et pas le bord d'attaque, pour éviter de bloquer la tête de club dans l'herbe à l'impact. Ouvrir la tête de club est ici incontournable.

→ PENCHEZ-VOUS VERS L'AVANT, FRAPPEZ VERS LE BAS

LA TECHNIQUE DE CE COUP

est assez proche de la sortie d'une balle enterrée dans un bunker. L'idée consiste à appliquer la force du swing vers le bas pour faire pénétrer la tête de club sous la balle et la forcer à monter sur le green. Il faut volontairement frapper quelques centimètres derrière la balle, car si vous frappez trop près d'elle, il est impossible de prévoir comment elle va se comporter. Comme pour un coup dans le sable, il faut préparer la frappe verticale vers le bas en inclinant le haut du corps vers l'objectif, avec l'essentiel de votre poids porté sur le pied avant. Souvenez-vous aussi d'ouvrir la face de club. Vous aurez besoin d'un loft important, à la fois pour faire monter la balle et pour pouvoir donner de la vitesse dans l'impact. Inutile de vouloir caresser la balle ou d'être trop malin, votre seule chance est d'être agressif.

ACTIVEZ BRAS ET POIGNETS

Notez que les bras ont parcouru une bonne distance pour un coup de cette longueur (A). Contrairement au chip standard, le seul armement des poignets ne vous permettra pas de donner assez de vitesse. Swinguez les bras et tournez les épaules si nécessaire.

B

C

LE GREEN SURÉLEVÉ N'EST PAS UN PROBLÈME

Comme vous êtes incliné vers l'objectif avec le poids du corps sur le pied avant (B), le backswing et la descente sont assez verticaux. Avec un grip ferme, swinguez vers le bas sur la balle, elle montera toute seule.

ATTENDEZ-VOUS À UN FINISH RACCOURCI

Si vous jouez aussi verticalement que possible, l'angle aigu de descente et la résistance de l'herbe obligent à une traversée très courte. Mais je m'applique à étendre les bras en accélérant dans l'herbe après l'impact (C).

→ LA BALLE EN SUSPENSION

PARFOIS, LA BALLE N'EST PAS VRAIMENT ENFOUIE dans le rough. Il n'est pas rare de la trouver comme suspendue à mi-hauteur entre le haut de l'herbe et le sol. Pour les joueurs peu expérimentés, c'est une situation pleine de traîtrise. Ils ne savent pas s'ils doivent contacter directement et proprement la balle ou faire comme si elle reposait sur le sol. Dans le premier cas, cela peut donner un top, dans le deuxième, sortir la balle en explosion fait passer la tête de club sous la balle au point qu'elle part à la verticale et n'atteint pas même le green. En fait, il est assez facile de jouer une balle en suspension, et vous ne devriez pas éprouver de difficultés à la déposer à moins de un mètre du trou. En fait de mauvaise situation, celle-ci est assez indulgente : même si le contact n'est pas parfait, vous pouvez obtenir un bon résultat. Vérifiez seulement que votre balle est vraiment en suspension et pas en très mauvaise situation : examinez celle-ci attentivement avant de jouer votre coup.

FACE DE CLUB SQUARE À L'ADRESSE

Quand la balle est suspendue, placez la face de club square par rapport à l'objectif (ci-dessous), alors qu'elle est ouverte dans la situation où la balle est enfoncée (vignette). Vous devez faire un swing balayant à travers la balle, et comme il n'y a pas trop d'herbe derrière la balle pour accrocher le club et le ralentir, mettre en jeu le bord d'attaque de la tête en toute confiance.

PROGRAMMEZ UNE TRAJECTOIRE APLANIE

Vous devez faire un
swing dans un plan
assez plat et balayant,
la tête de club
évoluant parallèlement
au sol. Pour ce
faire, vous prendrez
une position plus
horizontale, le poids
également réparti
sur les deux pieds.
Placez la balle un peu
avant du centre du
stance pour éviter de
faire un backswing
et une descente trop
verticaux. Gardez tout
le corps bien détendu.
Il n'est pas utile de
tenir le grip plus
fort que d'habitude,
une pression assez
légère vous donnera
plus de toucher et un
meilleur contrôle de la
distance.

LA BALLE EN SUSPENSION

→ UN PLAN APLANI ENCOURAGE UNE FRAPPE SOLIDE

QUAND LA BALLE EST EN SUSPENSION, le swing n'est pas tout à fait celui des pitchs et des chips normaux. Au lieu de réclamer un armement des poignets favorisant un angle d'attaque assez vertical au retour, la balle en suspension impose un plan de swing beaucoup plus plat. En comparant la séquence de photos à droite avec les autres coups expliqués plus tôt, vous remarquerez que je swingue plus autour du corps, les mains bien à l'intérieur de la ligne de l'objectif au backswing. Un backswing aplani favorise une descente plus horizontale, la tête de club évoluant presque parallèlement au sol dans la zone de frappe. La technique d'armement et de tenue des poignets n'est pas remise en cause, mais j'arme moins les poignets et j'utilise davantage les bras. L'action est tranquille et rythmée, avec une légère accélération dans la balle. Essayez de ne pas déplacer la tête et le haut du corps, et de laisser tranquille le bas du corps. Une grande vitesse de swing n'est pas nécessaire car le loft est réduit, mais vous ne devez pas bouger pour avoir un contact club-balle solide.

(A)

SWINGUEZ AUTOUR DU CORPS

En observant le manche de club à la montée, vous remarquerez qu'il est plus à plat que sur les autres types de chip, par rapport à l'horizon (A). L'action dans la balle sera balayante, la face de club rencontrant la balle directement.

B

C

SWINGUEZ EN TRAVERSANT DANS LA BALLE

Regardez attentivement mon divot (B). la tête de club n'a pas assez pénétré dans le sol pour atteindre la terre. L'angle d'attaque horizontal a permis de faucher l'herbe derrière la balle, sans détruire les racines.

UNE TRAJECTOIRE DE HAUTEUR MOYENNE

La trajectoire de balle n'est ni très haute ni très basse. Bien que la tête de club soit square à l'adresse, le loft du wedge à 60 degrés est suffisant pour donner une bonne hauteur. La balle va voler sur la moitié de la distance et rouler ensuite.

LES YEUX
SUR LE FAIRWAY,
PAS SUR LE GREEN

Si vous avez essayé de putter en dehors du green sans être très satisfait de votre performance, il y a de fortes chances que vous vous soyez concentré sur le green et pas sur le fairway. Le fait que le green soit beaucoup plus roulant que le fairway provoque la peur de taper très fort et d'envoyer trop loin la balle une fois celle-ci arrivée sur le green. Quand vous étudiez la situation, concentrez-vous sur le fairway et la vitesse à donner à la balle pour qu'elle roule ensuite à la bonne vitesse sur le green. Si le fairway est en pente, souvenez-vous qu'une bonne partie de la pente sera atténuée par la vitesse du putt. Un putt roulant vite ne va pas dévier beaucoup sur une pente moyenne.

→ PUTTER HORS DU GREEN

AVANT MA PREMIÈRE VICTOIRE AU MASTERS EN 2004, j'ai apporté quelques changements à ma manière de jouer le parcours qui se sont avérés très utiles. L'un des plus importants a été mon choix de coups autour du green. Pendant des années, j'avais privilégié les chips standard ou les flops. Mais les gazons très ras des colliers de green me laissaient assez peu de marge d'erreur, et j'avais dû le payer très cher à plusieurs reprises. C'est pourquoi j'ai commencé à utiliser le putter

ATTENTION À AJUSTER VOTRE MOUVEMENT

Soyez attentif à ajuster votre position ou votre mouvement pour vous adapter à la lenteur relative du fairway. Avec un peu d'expérience, entre autres petits trucs personnels, vous pouvez essayer de placer vos mains un peu plus en arrière à l'adresse pour donner plus de loft à la face de putter mais, en fin de compte, il peut être sage d'adopter une position et un mouvement traditionnels. Autre conseil : utilisez votre putter uniquement si la balle est bien placée et si vous pouvez avoir un contact franc. Quand la balle est mal placée ou s'il y un obstacle directement devant la balle – un vieux divot, une touffe d'herbe par exemple –, laissez le putter dans le sac et prenez un wedge.

dès que l'occasion s'en est présentée. Le gazon des colliers de greens d'Augusta est coupé aussi court que sur les greens des parcours publics et j'ai trouvé facile de faire rouler la balle assez près du trou pour sauver aisément quelques pars. Depuis, j'ai souvent utilisé mon putter en dehors des greens, en particulier sur quelques coups décisifs pour ma victoire au Doral dans le CA Championship 2009. C'est un coup facile et pratiquement sans risque.

→ LES LEÇONS
DU PARCOURS

> Au CA Championship, je devais faire ce chip depuis une position peu favorable, comme en témoigne le fait que ma traversée soit si courte. Évidemment, j'ai fait un swing très descendant pour bien pénétrer dans l'herbe haute auprès du green, et celle-ci a arrêté ma face de club à l'impact. Si la balle avait été bien placée, mon finish serait beaucoup plus ample avec les mains à hauteur de la ceinture.

« Je devais jouer un chip depuis le rough en bordure de green au Northern Trust Open 2009, disputé au Riviera Country Club. Ce parcours est connu pour son gazon kikuyu très accrochant, dont il est bien difficile de sortir avec un chip. Ici, j'ai raffermi mon grip et j'ai bien accéléré à l'impact pour m'assurer que mon sand wedge n'y reste pas prisonnier. J'ai été très heureux de bien en sortir pour ma première victoire de l'année.

> Faire approche-putt près d'un affluent de Rae's Creek m'a offert un birdie au 13 d'Augusta National pendant le Masters 2008. Les chips dans l'herbe haute n'y sont pas très fréquents, mais notez comment j'ai néanmoins réussi à faire une balle haute sur ce coup très court. Pour pouvoir faire une balle aussi haute avec un petit swing, il faut accélérer dans la balle avec la face de club bien ouverte.

Ici, je voulais arrêter
rapidement la balle
une fois celle-ci
parvenue sur le green.
Je frappe fermement
l'arrière de la balle et
le bord d'attaque de la
tête tranche le gazon
comme un couteau.
Cependant, le bounce
– le renflement sous
la semelle – permet
à la tête de club de
s'extraire de l'herbe
et d'accompagner les
mains jusqu'au finish.
Comme toujours, je
m'assure que la face
de club reste ouverte
bien après le départ
de la balle.

« L'un des secrets de la sortie de bunker, c'est le rythme. Un mouvement calme est aussi important que la position ou les mécanismes du swing. Avec un bon rythme, les chances de réussite augmentent de façon spectaculaire. »

103

→ TROISIÈME PARTIE

Les bunkers

UN DES GRANDS PLAISIRS DU GOLF quand on joue au plus
haut niveau, c'est de voir et d'entendre la réaction du public
après les grands coups de golf. La cerise sur le gâteau, c'est
bien sûr quand le dernier joueur sur le parcours se prépare à
jouer un putt pour la victoire, dans un silence de cathédrale
suivi du rugissement des spectateurs quand la balle tombe.
Ce moment de vérité, et la réaction qui s'ensuit restent gravés
dans la mémoire de celui qui a été assez chanceux pour les
connaître. ›

PARFOIS, UN JOUEUR TAPE UN GROS DRIVE en hook et l'on voit sur la droite du trou les commissaires faire de grands gestes et les spectateurs se protéger la tête alors que la balle termine sa course en plein milieu du fairway. Nous, on s'amuse, et je pense que les fans en font autant. Mais quand une balle tombe dans un bunker, on entend souvent le public murmurer. C'est une réaction naturelle car la plupart des amateurs détestent devoir jouer dans le sable.

• • •

L'UNE DE MES MEILLEURES SORTIES de bunker, je l'ai faite au 16 du dernier tour au Memorial Tournament 2006. C'est un par 3, et comme ma balle avait fini dans un bunker, j'ai marmonné tout au long du chemin avec les spectateurs. Certes, je n'avais aucune chance de gagner le tournoi (j'allais terminer quatrième) mais ce coup était quand même décevant car il était droit au drapeau, et seulement trop court. La balle était enfoncée dans la face du bunker, juste sous la lèvre, à peu près à cinq mètres du drapeau. J'adore ce genre de défi. J'ai jeté la tête du wedge dans le sable sous la balle, qui a jailli à la verticale pour atterrir en douceur sur le green et rentrer dans le trou. Birdie. Je n'y croyais pas, ni personne à en juger par la clameur.

Il m'arrive d'envoyer volontairement ma balle dans un bunker, en particulier sur des pars 5. Le 15 d'Augusta National en est un bon exemple, en fonction du vent et de la position du drapeau. Je suis assez content de pouvoir jouer le bunker à droite du green, car je sais pouvoir faire ensuite sortie-putt. Le long trou n° 11 au TPC de Sawgrass en est un autre bon exemple parce qu'il est difficile de faire tenir une balle au deuxième coup sur son petit green. En règle générale, le sable est très hospitalier au lieu de risquer de dépasser le green et d'avoir de gros problèmes si on le joue directement.

On peut parfois retrouver sa balle enfoncée dans une face de bunker comme ce fut pour moi le cas au Memorial, ou en descente à l'arrière du bunker avec un stance difficile. Au Memorial 1993, Paul Azinger s'était retrouvé dans une situation analogue à gauche du 18, il a rentré le coup et remporté le tournoi. Bien sûr, dans l'idéal, nous espérons retrouver la balle dans une partie plane d'un bunker, comme ç'a été le cas pour Bob Tway à vingt mètres du drapeau au dernier trou du PGA Championship. Une fois sortie sur le green, sa balle a roulé tranquillement jusqu'au trou et il a chipé la victoire au nez de Greg Norman. Il a été nommé Joueur de l'Année.

Ces trois coups – le mien et ceux de Paul et Bob – étaient de longueur différente mais ils avaient un point commun, source de leur réussite. Quand des joueurs sont peu à l'aise dans leurs sorties de bunker sous pression, ils font en général des sorties trop courtes, car elles sont trop timides. Ils amènent le club sur la balle et ne maintiennent pas leur dynamique en traversant. Que ce soit sur des coups de cinq ou de trente mètres, la clef du succès réside dans un swing agressif et une franche accélération vers le finish, même quand il faut sortir la balle en douceur et la déposer sur le green… Surtout quand elle doit atterrir tranquillement.

• • •

EN 2008, JE SUIS PASSÉ de la quatre-vingt-troisième à la troisième place dans les statistiques des sorties de bunker. Dave Pelz avait mis en évidence que la longueur moyenne d'une sortie de bunker sur le circuit est de dix mètres, et je me suis entraîné en conséquence, en me donnant des repères et des bases pour jouer mes sorties avec régularité. Pelz estimait aussi qu'une bonne qualité de jeu dans le sable aide à bien driver – on ne peut pas avoir beaucoup de « frappe » dans le sable, et le bon rythme cultivé dans les bunkers peut aisément se transmettre aux autres types de coups. En améliorant mon tempo dans le sable, j'ai pu envoyer la balle plus près du trou et augmenter mes chances de rentrer ensuite le putt, ce qui représente un élément important dans les statistiques. Le premier objectif est bien sûr de sortir du bunker, mais avec une bonne compréhension de la manière d'agir, il n'y a aucune raison de ne pas chercher mieux : envoyer sa balle donnée et rendre fous les spectateurs.

Sur les longues sorties de bunker, je swingue aussi fermement que sur un plein swing.

→ DIX MÈTRES, LA DISTANCE DE BASE

EN 2008, J'AI FAIT SORTIE DE BUNKER-PUTT quatre-vingts fois sur cent vingt-huit. Lors d'une séance d'entraînement, j'ai même envoyé mes sorties de bunker à moins de un mètre du drapeau vingt-huit fois de suite. Merci à Dave Pelz d'avoir souligné que la distance moyenne de sortie d'un bunker de green est de dix mètres, la distance que j'ai alors choisie exclusivement dans mon entraînement. Avec mon expérience à cette distance, il était facile de m'adapter aux sorties plus longues ou plus courtes, en modifiant quelques facteurs – le degré d'ouverture de la face, la position de la balle dans le stance par exemple. Je pouvais varier les distances sans changer de technique. Chaque coup est un peu différent en termes de distance, de position de la balle, de consistance du sable, de hauteur de trajectoire nécessaire, et c'est un secteur très stimulant de l'entraînement. Si vous gardez au practice cette idée de distance de base de dix mètres, vous ne pouvez que progresser. En fait, aucune situation ne vous posera plus problème.

CHOISISSEZ LE BON WEDGE

Pour les coups dans le sable, je choisis pratiquement toujours le sand wedge de 60 degrés avec un bounce de semelle d'importance moyenne (ci-contre à droite). Je ne vous oblige pas à m'imiter, vous pouvez préférer une face plus fermée et un bounce plus important. Ce qui compte est de choisir un club qui vous inspire confiance et correspond aux nuances de votre mouvement, pour ne pas avoir à lutter contre ses caractéristiques.

TOUT COMMENCE PAR UN BON RYTHME

Lorsque je joue bien dans le sable, j'ai découvert que cela profite à mon driving. Bien que les deux types de swing ne se ressemblent pas, ils réclament tous deux un bon rythme. Particulièrement dans les bunkers, il est crucial d'avoir un tempo tranquille et de swinguer à travers la balle et pas sur elle. Au lieu d'utiliser la force brute, apprenez à faire confiance à votre technique et à la nature de votre club pour sortir la balle.

→ ARMER
ET TENIR

BEAUCOUP D'AMATEURS IMAGINENT

qu'un swing dans le sable est différent du jeu normal d'un wedge sur le fairway. Ce n'est pas vrai du tout. En fait, il y a plus de ressemblances que de différences, en particulier le choix de la technique d'armement et de tenue des poignets. Dans le sable, vous devez armer les poignets au début du backswing et limiter l'ampleur de la montée. Appliquez autant de vitesse que possible, qui dans la plupart des cas sera moindre que vous ne l'imaginez. Dans votre mouvement de retour vers l'avant, essayez de conserver les poignets armés, en contrôlant la distance par la vitesse des bras à l'impact et en traversant jusqu'au finish. Il est spécialement important de bien accélérer à travers le sable. N'arrêtez jamais vos mains sur la balle. Je dis bien, jamais : l'idée est d'augmenter graduellement la vitesse de la tête de club du début à la fin. Vous serez surpris par le peu d'efforts nécessaires pour extraire votre balle du sable et la déposer à moins de un mètre du trou.

UNE POSITION SANS SURPRISE À L'ADRESSE

En étudiant ma position en (A) et en oubliant le fait que je suis dans un bunker, vous aurez du mal à la distinguer de la position pour un pitch de vingt mètres. Tout est identique, la position de la balle, celle de la face de club, et le stance légèrement ouvert.

ARMEZ RAPIDEMENT LES POIGNETS

Au démarrage, je me contente simplement d'armer les poignets tout en faisant jouer assez les bras pour épouser la longueur du coup (B). C'est un mouvement simple et détendu, avec très peu d'effort conscient.

FINIR EN LIGNE

Sur les chips et les pitchs normaux, la tête de club ne dépasse jamais les mains, même à la traversée (C). Comme j'ai swingué la tête sur la ligne de l'objectif, le club et les mains sont étendus vers la cible au finish.

→ RÈGLE N°1 : MAINTENEZ LE BOUNCE

DANS LE SABLE, LA FACE DE CLUB doit avoir la même position à l'impact qu'à l'adresse. En fait, elle la conserve très loin dans la traversée, bien après le départ de la balle. Une des raisons pour préserver ce loft, c'est qu'après avoir programmé une certaine trajectoire en choisissant l'ouverture de votre club, vous n'avez aucune envie de la modifier au moment de pénétrer dans le sable. Il est encore plus important de maintenir intact le degré de bounce de la semelle. Si vous fermez la tête de club à l'impact, vous modifiez son comportement au passage dans le sable. Au lieu de voir la semelle traverser le sable sans trop rencontrer de résistance, vous allez mettre en jeu le tranchant du bord d'attaque et enfoncer le club derrière la balle. Ou encore vous pouvez mettre trop de bounce. Dans tous les cas, votre coup est raté. Vous prenez trop de sable : soit la balle ne quitte pas le bunker, soit elle traverse tout le green.

PROGRAMMEZ LE LOFT DE LA FACE DE CLUB

À l'adresse (ci-contre, en haut), la face de club doit toujours être relativement ouverte, à la fois pour donner du loft et élever le bord d'attaque de la face au-dessus du sable. En jouant votre coup, gardez la face de club ouverte en résistant à la tentation de tourner les mains. Après le départ de la balle et le passage de la tête de club au-dessus du pied avant (ci-contre, en bas), la face de club reste face à l'objectif. Cette règle est valable pour toutes les sorties de bunker.

UNE AUTRE IMAGE MAIS LA MÊME HISTOIRE

Vous pouvez distinguer le bounce, le renflement arrondi sous la semelle juste en dessous du bord d'attaque (ci-contre à gauche). Lorsque la tête de club pénètre dans le sable, la semelle rebondit littéralement et la tête de club poursuit vers l'avant. Quand la face se referme, le bord d'attaque est plus bas et s'enfonce dans le sable, en mettant la semelle hors circuit. C'est pourquoi vous devez garder ouverte la face de club à l'impact (ci-contre à droite).

→ RÈGLE N° 2 : ACCÉLÉREZ !

VOUS DEVEZ ABSOLUMENT GARDER LES MAINS en mouvement pendant l'impact et jusqu'au finish. Si elles s'arrêtent à l'impact, vous allez libérer trop vite le club, la semelle sera trop en jeu, la tête de club va jaillir du sable sur la balle et votre top va lui faire traverser tout le green. En accélérant bien les mains au moment de l'impact, vous avez toutes vos chances de conserver la position de la tête de club à l'adresse. Elle va pénétrer le sable dans un angle correct et traverser le sable sans trop de résistance. Mais quand je dis « accélérer », souvenez-vous bien qu'il ne s'agit pas de faire un swing avec un effort démesuré. Le rythme du mouvement doit simplement augmenter tranquillement pendant toute la descente, afin que sa dynamique amène les mains jusqu'à un finish complet et libéré.

ÉTENDEZ LES MAINS APRÈS L'IMPACT

Remarquez comme les mains poursuivent le mouvement le long de la ligne de l'objectif après le départ de la balle (ci-contre). Mon bras arrière s'est allongé, signe d'une accélération agressive pendant l'impact. J'ai toujours la sensation de traverser le sable au lieu de vouloir frapper pour extraire la balle. Je crée beaucoup de vitesse, mais c'est beaucoup plus par la finesse que par la force.

NE TOURNEZ PAS LES MAINS

Sur la photo de gauche, avez-vous remarqué le dos du gant face à l'objectif ? C'est la preuve que mes mains ont continué à suivre le chemin de l'objectif pendant l'impact. Mais elles ne s'en tiennent pas là et poursuivent jusqu'à ce que l'élan donné à la descente les amène plus loin en traversant. Remarquez aussi que mon bras avant et le club sont en ligne droite, ce qui indique que la tête de club n'a jamais dépassé les mains. Enfin, remarquez la position de la tête de club dans le panache de sable. Elle reste ouverte comme à l'adresse. Si la pointe de la tête est dirigée vers le ciel après l'impact, il est probable qu'elle s'est enterrée dans le sable auparavant, ce qui n'augure rien de bon.

→ SUR UN COUSSIN DE SABLE

L'UNE DES PREMIÈRES CHOSES QU'APPREND UN DÉBUTANT, c'est qu'un coup dans le sable est l'un des rares coups de golf (avec le pitch dans un rough épais) où le club n'entre pas directement en contact avec la balle. Il pénètre dans le sable derrière elle et l'envoie voler vers la cible sur un coussin de sable. Mais alors, à quelle distance de la balle la tête de club doit-elle entrer dans le sable ? Et quel doit être l'angle de la descente à ce moment du swing ? Il est impossible de donner une réponse globale à ces deux questions, car tout dépend de la compacité et de la nature du sable, de la situation de la balle, de la longueur de la sortie de bunker. Je vous dirai seulement que si vous accélérez les mains, les bras et la tête de club au moment de l'impact, vous vous faciliterez les choses. L'entraînement et l'expérience se chargeront du reste.

REPRODUIRE LE BON CHEMIN DE CLUB

Après avoir joué un coup en prenant un divot (séquence ci-dessous), je reproduis le chemin suivi par la tête de club dans l'impact. La balle en dehors du divot représente la position originale de ma balle. Notez l'ouverture de la face de club au moment de pénétrer dans le sable, et son maintien jusqu'à la sortie. En confiant le rôle principal à la semelle et au bounce de la tête, je ne crains pas de l'enterrer trop profondément.

C'EST LE CLUB QUI FAIT LE TRAVAIL

Certains préfèrent jouer en descendant plus verticalement dans le sable, d'autres aiment que la tête épouse une trajectoire très aplatie. Certains veulent faire entrer la tête quinze centimètres derrière la balle, d'autres trois ou quatre centimètres seulement. Pour une sortie de bunker classique avec la balle bien placée et un sable assez ferme (ci-contre), j'aime que le contact se fasse huit à dix centimètres derrière la balle et sentir mon divot plus profond qu'il ne l'est en réalité. Je laisse le club se comporter comme il a été conçu, le bounce sous la semelle lui évitant de pénétrer si loin dans le sable que mon accélération soit réduite à néant.

→ LA BALLE EN DESCENTE

GÉRER LES SITUATIONS INCONFORTABLES DANS LE SABLE est toujours un défi. Pour le joueur moyen, la balle en descente est particulièrement gênante car tout échec peut être fatal, contrairement à l'issue des chips et des pitchs dans l'herbe. Ce n'est pas pour rien que les bunkers sont qualifiés d'obstacles dangereux car les conséquences d'une balle toppée ou grattée sont souvent plus graves qu'à partir de l'herbe. La tendance la plus fréquente est de faire une gratte, où la balle ne parvient même pas à sortir du bunker. Si vous compensez trop, vous allez faire un top, la balle va partir en rase-mottes, soit directement dans la face du bunker, soit carrément de l'autre côté du green. Pour maîtriser ce coup, il faut faire comme si le coup était joué à plat, en ajustant les angles du corps et la répartition du poids, et en les maintenant pendant tout le swing.

PENCHEZ-VOUS VERS L'OBJECTIF À L'ADRESSE

Commencez par placer votre corps perpendiculaire au sol en le penchant vers l'objectif, ce qui va ainsi déplacer pratiquement tout votre poids sur le pied avant (ci-contre). La balle doit être plus en avant du stance, ce qui va encourager un mouvement descendant plus vertical, parallèle au sol. N'oubliez pas d'ouvrir la face de club.

LE TEST : SUR UN SEUL PIED À L'ADRESSE

À l'adresse, le poids doit tellement reposer sur le pied avant que vous devez pouvoir lever l'autre sans perdre l'équilibre (ci-contre). Ce test sur un pied doit pouvoir être effectué pendant l'ensemble du swing, pas seulement à l'adresse. En reprenant votre position normale sur les deux pieds, la plus grande partie de votre poids reposera ainsi sur le pied avant, et il ne faut jamais le transférer sur le pied arrière. En fait, celui-ci repose au sol uniquement pour vous aider à garder votre équilibre.

Comme j'ai placé la balle bien avant du stance (ci-dessous), la seule façon de la jouer à la descente est de conserver mon poids sur le pied avant et de faire revenir le club selon un angle vertical. En plaçant le centre du swing vers l'avant, j'évite tout risque de faire une gratte.

LA BALLE EN DESCENTE

→ # GARDEZ LE POIDS SUR L'AVANT

LE BACKSWING EST SIMILAIRE à celui d'un pitch normal, et ne réclame pas de puissance particulière. Utilisez la technique d'armement et de tenue des poignets, en les armant tout en limitant le backswing des bras. À tout moment, votre poids repose presque en totalité sur le pied avant. Il n'y a aucun déplacement du poids sur le pied arrière, en partie parce que vous n'avez pas besoin de donner de la puissance, mais aussi parce que ce transfert vous ferait perdre l'équilibre. Il est également important de garder l'angle de la colonne vertébrale perpendiculaire au sable, au lieu de l'incliner à l'opposé de l'objectif comme si vous étiez en terrain plat.

LIMITEZ L'ACTION DES HANCHES ET DES JAMBES

Quand le terrain est inégal, il est très important de garder stable le bas du corps. Ci-contre, vous allez remarquer que les hanches n'ont pas beaucoup tourné et que mon pied avant est resté aussi fermement ancré au sol qu'il l'était à l'adresse. En gardant tranquille le bas du corps avec le poids vers l'avant, il vous sera plus facile de conserver votre équilibre, et par conséquent de contrôler le club à la descente. Remarquez aussi comme le manche de club est vertical. En armant les poignets, le club monte vers le ciel, ce qui montre bien que je vais ramener le club selon un angle très aigu.

LA BALLE EN DESCENTE

→ SWING VERTICAL, RESTEZ BAS

POUR JOUER UNE BALLE EN DESCENTE, le club doit arriver assez verticalement à l'impact. Je me suis aperçu que si je m'incline vers l'objectif à l'adresse, il est beaucoup plus facile de revenir frapper vers le bas en évitant de prendre trop ou trop peu de sable. L'inclinaison vers l'objectif permet aussi de régler la profondeur de sable prise par la tête de club et de s'assurer que le point bas de l'arc de swing n'est ni trop loin de la balle ni trop en avant. Avec une balle en descente, il faut faire un bon et long divot et non pas un petit divot profond. Cependant, ajuster votre position n'est pas suffisant. S'incliner vers l'objectif aide à gérer la pente, mais il faut aussi s'appliquer à garder basse la tête de club après l'impact. Il faut continuer le coup, résister à la tendance à dégager le club de manière trop abrupte une fois la balle partie et en route vers le drapeau.

DEUX CLEFS POUR PRENDRE DE LA HAUTEUR

La balle se retrouve généralement en descente sur la pente arrière d'un bunker, et vous devrez donc la faire voler plus loin que d'habitude pour atteindre le green. En premier lieu, accélérez les mains (A), ce qui va vous aider à donner assez de vitesse à la tête de club pour propulser la balle vers l'avant. En second lieu, assurez-vous de donner un loft important à la face de club en l'ouvrant bien à l'adresse et en la conservant ainsi longtemps après que la balle est partie (B).

RESTER BAS, MAIS COMBIEN DE TEMPS ?

En descendant fermement sur la balle, veillez à garder bas la tête et le haut du corps. Ce n'est pas facile de rester bas alors que les bras s'étendent à la traversée. J'essaie de ne pas lever la tête jusqu'à ce que mes mains soient à hauteur de ma ceinture (ci-contre). Après l'impact, allez vers l'avant et libérez le bas du corps en laissant le talon du pied arrière se soulever. La dynamique du swing vous entraînera jusqu'au finish (ci-dessous). Si cela vous amène à pousser un peu la balle à côté de l'objectif, ajustez votre orientation à l'adresse.

LA MAÎTRISE DE LA BALLE EN MONTÉE

JOUER EN MONTÉE DEMANDE le même genre d'accommodement que jouer en descente, dans la mesure où le corps doit épouser la pente. Les amateurs font souvent des grattes en montée, en prenant trop de sable derrière la balle. Résultat : ils ne réussissent pas à donner la dynamique nécessaire pour que la balle passe la lèvre du bunker et roule jusqu'au drapeau. Comme sur le coup en descente, celui-ci est joué presque uniquement avec le haut du corps, les jambes restant tranquilles. Si vous le faites correctement, vous ne devriez avoir aucun problème à sortir du sable. En plus de donner un bon loft en ouvrant la face de club, vous inclinez le corps vers le pied arrière, ce qui aide à élever encore le loft de la face de club. C'est un coup qui demande un certain entraînement pour être joué en confiance.

LE SECRET EST DANS LA POSITION

La position est l'inverse exact de celle pour la balle en descente. Le haut du corps est perpendiculaire à la pente et le poids repose principalement sur le pied arrière (photos ci-contre). L'objectif est de programmer un swing où la tête de club va évoluer sur un plan aplati, presque en longeant le sable. Comme il va y avoir pas mal de pression sur le pied arrière, assurez-vous qu'il est bien ancré dans le sable. La balle n'est pas placée autant en avant qu'en descente, parce que le centre de mon swing est plus près du milieu du stance. Mes pieds sont légèrement ouverts, pour faciliter le swing du club vers l'objectif, à la descente et à la traversée.

LA BALLE EN MONTÉE

→ UN ÉQUILIBRE CRUCIAL

AU BACKSWING, LE MOUVEMENT place naturellement une pression sur le pied arrière, je l'ouvre donc un peu pour supporter cette force. Je ne fais pas d'effort pour rester directement centré au-dessus de la balle, et je laisse le haut du corps se déplacer légèrement vers ce pied arrière.

Le swing lui-même doit être harmonieux, lent et rythmé, permettant à tous les éléments de se mettre en place. C'est capital pour m'aider à garder l'équilibre et à faire pénétrer le club dans le sable avec vitesse et précision. J'utilise la technique d'armement et de tenue des poignets, avec un armement bien marqué. Cette fois-ci, j'amène les bras plus loin vers l'arrière pour pouvoir créer davantage de vitesse à la descente et en traversant. Cet équilibre est vraiment crucial.

CONTRÔLER LA VITESSE

Comme la face de club a un loft extrêmement élevé, vous devez générer pas mal de vitesse pour que la balle vole à la fois vers le haut et vers l'avant (ci-dessus). Je vais prendre un divot très mince pour que le sable oppose aussi peu de résistance que possible. Je fais aussi jouer les jambes et les hanches : observez la différence entre ma jambe avant sur la photo ci-dessus et son rôle actif sur la photo en page de droite. Bien que je reste fidèle à ma technique d'armement et de tenue des poignets, je donne beaucoup de vitesse par les bras, en m'assurant que la tête de club suit constamment les mains. La vitesse passe dans les mains et la tête de club, le sable et la balle s'envolent en même temps.

LA BALLE EN MONTÉE

→ LE FINISH RÉVÈLE LE CONTRÔLE

SUR UNE BALLE EN MONTÉE, le finish va tester votre capacité à surmonter la force de gravité, dans la mesure où il faut transférer en partie le poids sur le pied avant, et ce n'est pas simple quand tout se passe dans le sens de la montée. Notez l'uniformité du divot (ci-contre), d'une épaisseur égale d'un bout à l'autre. C'est le résultat d'une position du corps parallèle au niveau du sable à l'adresse. Les amateurs ont très souvent tendance à jeter la tête de club dans le sable, le bord d'attaque s'enfonçant profondément. C'est rarement efficace. Le sable bloque le club et la balle reste dans le bunker. Une autre tendance consiste à ne pas admettre que le coup puisse être légèrement en pull. Comme c'est une réaction naturelle, ajustez votre stance en conséquence dès l'adresse.

UNE TRAVERSÉE COMPLÈTE

Bien que les mains ne soient pas particulièrement hautes à ce moment de la traversée (ci-contre), elles sont visiblement allongées : c'est le signe d'une accélération agressive des bras et des mains. Mon équilibre a permis un bon contact avec le sable.

UNE BALLE HAUTE ET FLOTTANTE

Observer la balle en l'air en route vers l'objectif est particulièrement agréable quand on a réussi la sortie depuis une situation en pente. Sur la photo ci-contre, vous remarquerez trois choses. D'abord, la traversée est complète. Avec un swing très libre, j'ai créé beaucoup de vitesse, la trajectoire de balle a pu être haute et le finish complet. Ensuite, notez que le talon du pied arrière est soulevé du sol, preuve d'une libération franche du bas du corps. Ce coup n'est pas un chip, il faut pratiquement un plein swing, sans perte de précision. Enfin, la balle est sortie un peu à gauche du drapeau, parce que j'avais des chances de faire un léger pull, mais ce coup est finalement droit comme un I...

LA BALLE EN MONTÉE

→ EN MONTÉE ET ENFONCÉE

UNE BALLE ENFONCÉE MODIFIE COMPLÈTEMENT la nature d'un coup. Il est impossible d'avoir le même contrôle que dans une situation normale, car on ne peut pas donner de backspin. Par conséquent, on ne peut pas déterminer avec précision le roulement de la balle une fois celle-ci parvenue sur le green. Avec de l'entraînement et de l'expérience, ce genre de sortie devient plus prévisible, mais il est bien difficile, sinon impossible, d'envoyer assez régulièrement la balle à moins de un mètre du drapeau.

La technique de jeu d'une balle en montée et enfoncée diffère de celle d'une balle en montée par trois aspects. D'abord, je ne veux pas d'un angle d'approche trop plat, car la tête de club ne pénétrerait pas assez dans le sable pour en extraire la balle. Ensuite (c'est lié à ce premier point), je vais placer la majorité de mon poids sur le pied avant, pour pouvoir conduire la tête de club directement dans la face du bunker. Enfin, ce sont mes mains qui vont conduire l'action à l'impact. Cela signifie que mon finish sera très abrupt, car le sable va très vite arrêter le club après l'impact.

UN ANGLE D'ATTAQUE PLUS HORIZONTAL

Bien que mon corps soit ici incliné vers l'arrière, la plus grande partie du poids repose sur le pied avant. La face de club est ouverte, non pas pour mettre en jeu le bounce de la semelle, mais pour augmenter le loft : monter la balle est la principale difficulté, et j'aurai besoin d'aide !

UN SWING COURT ET ÉNERGIQUE

Il faut éviter de faire un grand backswing, car
la précision du contact est très importante. Mais
il faut aussi de la puissance. Ici, vous me voyez
pivoter un peu les hanches et tourner les épaules
plus que d'habitude (A). Je fais une descente ferme
et agressive, en visant à cinq centimètres environ
derrière la balle (B).

UN FINISH BIEN EN LIGNE

Comme sur les chips et les pitchs normaux,
la tête de club ne passe jamais au-delà des
mains, même dans la traversée. Comme je
l'ai fait jouer sur la ligne de l'objectif, le
club et les mains s'étendent vers la cible au
finish (C).

→ LANCEZ LA TÊTE DE CLUB DANS LA PENTE

IL NE S'AGIT PAS D'ÊTRE TIMIDE. Pour faire pénétrer le club dans le sable exactement où vous visez, il faut un peu de finesse, mais avant tout de la vitesse et de la force. Il est alors très important que les mains entraînent la tête de club, qu'elle suive le mouvement comme vous pouvez le voir. Conduire avec les mains a pour objectif d'utiliser le tranchant du bord d'attaque pour pénétrer fermement dans le sable. Si je libérais le club plus tôt avec le bras arrière et le manche alignés, c'est la semelle du club qui entrerait dans le sable. Or, elle est trop arrondie, trop peu tranchante pour passer sous la balle. Votre objectif est d'amener la tête de club directement dans la butte de bunker presque à l'horizontale, au lieu de suivre la pente comme dans une situation favorable.

LA TÊTE DE CLUB NE DÉPASSE PAS LES MAINS

Jouer une balle enfoncée en montée n'est pas un coup habituel, mais j'utilise toujours la technique d'armement et de tenue des poignets. Conservez en permanence l'angle formé par le bras avant et le manche.

UNE HISTOIRE DE FINISH

Le contraste est très marqué entre les positions au finish quand la balle est bien placée et quand elle est enfoncée. Dans ce dernier cas (A), les mains se sont brusquement arrêtées en projetant la tête de club dans la pente. Ce n'est pas le cas lorsque la balle est bien posée sur le sable (B). Comme le sable oppose beaucoup moins de résistance, je peux tranquillement traverser, bras et mains étendus dans une position finale sans entraves.

→ LES LONGUES SORTIES DE BUNKER

LA PLUPART DES AMATEURS CONSIDÈRENT les sorties de bunker de vingt à cinquante mètres comme les coups les plus difficiles du golf. Je ne les ai jamais trouvées particulièrement difficiles, bien que, évidemment, la longueur même de ces coups rend plus grande la difficulté de poser sa balle à moins de un mètre du drapeau, par rapport aux sorties des bunkers de green. Pourquoi une longue sortie de bunker fait-elle si peur aux amateurs – et aussi à quelques pros ? D'après ce que j'ai vu, la plupart d'entre eux croient nécessaire de modifier leur technique pour s'adapter à la distance supplémentaire. L'erreur la plus fréquente réside dans la peur de prendre trop de sable et de faire un coup trop court. Alors, ils essayent de ne pas en prendre du tout et font des tops. Autre erreur : se placer avec la balle en arrière du stance, ce que font les débutants pour diminuer le loft de leur club et envoyer la balle plus loin. Il y a beaucoup d'autres erreurs, beaucoup de façons différentes de mal jouer les longues sorties de bunker. Mais, comme vous allez le voir, il n'y a qu'une seule façon de bien les négocier.

C'EST LE MOMENT DE FAIRE VOLER LA BALLE

La longue sortie de bunker est le seul coup dans le sable où rien n'est limité. Elle est assez proche d'un plein swing sur le fairway, avec une rotation complète du corps, une action importante des bras, et un armement total des poignets. La traversée traduit la vitesse et la libération du swing : elle doit montrer l'extension des mains jusqu'à un finish haut et équilibré (ci-contre).

PLACEZ-VOUS COMME D'HABITUDE

Pour jouer une longue sortie de bunker, l'approche est la même que sur n'importe quelle sortie. La balle doit être en avant du stance, avec la face du sand wedge ouverte, mais peut-être un peu moins que pour une sortie en bordure de green (ci-contre). Les autres aspects de votre position sont similaires, mais vous devez simplement très bien ancrer vos pieds dans le sable, car le swing va être plus long. Enfoncez-les pour vous donner une base solide.

LA POSITION DE LA BALLE EST IMPORTANTE

Sur une longue sortie de bunker, la balle doit toujours être placée vers l'avant (ci-contre, en bas). Comme sur les autres coups, vous allez volontairement frapper plusieurs centimètres derrière la balle. Cependant, le club ne va pas s'enfoncer profondément, et vous n'aurez aucun mal à sortir la balle sur un fin coussin de sable. La vitesse du club va réduire la résistance du sable à l'impact.

→ MONTREZ DU COURAGE

COMME IL FAUT PORTER LA BALLE sur une bonne distance, vous devez créer suffisamment de vitesse de club en faisant un backswing plus long. Un joueur moyen peut être intimidé par la nécessité d'un swing plus long, car il peut avoir l'impression de perdre à la fois sa précision et sa capacité à swinguer le club à travers la balle. En réalité, la marge d'erreur est assez grande. Tant que vous êtes solidement installé, que votre rythme est bon et que vous accélérez dans la balle, un léger top ou une petite gratte ne vous empêchera pas d'obtenir un résultat acceptable. La meilleure façon de vous sentir à l'aise sur ce genre de sortie, c'est de vous entraîner en respectant les points suivants.

LES CLEFS DE LA RÉGULARITÉ

Sur une longue sortie de bunker, j'utilise généralement mon sand wedge à 60 degrés, mais pas exclusivement. Si je sens que je ne vais pas pouvoir porter la balle assez loin, je ne modifie ni ma position, ni celle de la balle, ni mon swing. Je choisis simplement un club plus fermé – un 55 degrés par exemple – ou même un pitching wedge si je suis proche de la limite des cinquante mètres. Quand le coup est encore plus long, j'envisage alors de prendre moins de sable.

A

Examinez le coup en détail. Observez la situation de la balle et la qualité du sable avant de vous préparer à jouer.

B

Accélérez les mains et les bras. Tout ralentissement est absolument mortel.

C

Maintenez l'ouverture de la face de club à l'impact. Si vous la fermez, le bord d'attaque va s'enfoncer dans le sable et ce sera un échec.

→ UN FINISH DE RÊVE

LA FIN DU MOUVEMENT TRADUIT ce qui s'est passé auparavant dans le swing. Rien qu'en regardant les positions après l'impact, en fin de traversée et au finish, on peut très souvent dire quel type de coup a été joué. En regardant les vidéos de mon swing, je peux vous dire, en observant la position du club et de mon corps après le départ de la balle, si j'ai joué un draw ou un fade, une balle haute ou basse. En vérifiant ma traversée sur les longues sorties de bunker, je veux la preuve que j'ai swingué avec agressivité, avec une grande accélération. Je regarde quatre points. (1) Les bras doivent être allongés lorsque le club est à hauteur de la ceinture. (2) La boucle de la ceinture fait face à l'objectif. (3) Les mains finissent au-dessus de la tête. (4) Le talon du pied arrière est soulevé du sol. Ce sont les signes d'un bon rythme et d'un downswing bien coordonné, deux qualités très utiles quand on joue une longue sortie de bunker.

EN EXTENSION, MAINS HAUTES

Une extension complète des bras (ci-dessous) démontre que vous avez swingué à travers la balle et non pas sur elle. Elle indique aussi que vous avez donné assez de vitesse pour la porter au moins à vingt mètres. À partir de là, les mains poursuivent jusqu'à finir haut, détendues. Si votre finish ne ressemble pas au mien, vous avez probablement tout arrêté à l'impact, la balle a certainement été trop courte, ou peut être restée dans le bunker.

UN FINISH
TOTALEMENT LIBÉRÉ

C'est le résultat recherché. Il démontre libération et décontraction : il n'y a eu de tension à aucun moment du swing, et je n'ai jamais empêché aucune partie du corps de réagir à la vitesse et à l'effort déployés auparavant. Quelques points techniques méritent d'être relevés. Observez d'abord mon pied avant, qui reste exactement dans la même position qu'au départ, sans avoir déplacé de sable supplémentaire. La semelle du pied arrière est soulevée, en raison du transfert de mon poids et du finish mains hautes. Les hanches sont complètement déroulées, et les épaules plus encore. Enfin, observez mes mains. Elles ne serrent pas trop le club, le dos du gant est à l'opposé de ma tête, ce qui veut dire que je n'ai jamais refermé la tête de club, même pendant la traversée.

→ LA BALLE ENFONCÉE

RIEN NE TERRORISE PLUS LES AMATEURS. À la seule vue d'une balle ensablée, ils sont découragés, et plus ils s'apprêtent à jouer, plus leur confiance s'effondre. Pourtant, extraire la balle du sable n'est pas si difficile qu'il y paraît. Bien sûr, il n'est pas facile de la placer près du drapeau, car elle va sortir comme morte, sans aucun effet rétro. Il est impossible de prévoir la distance qu'elle va parcourir sur le green, mais quelques points clefs vous aideront à sortir à chaque fois du bunker. Plus encore, vous devriez pouvoir donner un peu de hauteur à votre trajectoire de balle, ce que la plupart des amateurs ne parviennent pas à faire à cause d'une mauvaise technique, et pas à cause de la situation de la balle. L'erreur la plus fréquente consiste à vouloir l'aider à s'élever en swinguant sur elle. Si vous avez des problèmes, ils viennent sans doute de vos tentatives pour la forcer à sortir en swinguant plus fort que nécessaire, ce qui provoque un contact médiocre. La clef de la réussite, c'est une bonne technique et pas une force aveugle.

LA POSITION À L'ADRESSE EST CRUCIALE

La balle doit être placée en avant du stance (ci-dessus) et la face de club ouverte à l'adresse. Il est essentiel de placer les mains en avant pour que le manche soit incliné vers l'objectif, ce qui va exposer le bord d'attaque de la face et lui permettre de trancher dans le sable (ci-dessus à droite). En même temps, ouvrir la face de club permet de lever plus facilement la balle grâce au loft supplémentaire.

Portez la plus grande partie de votre poids sur le pied avant et conservez-le ainsi pendant tout le swing. Utilisez la technique d'armement et de tenue des poignets, faites un downswing décidé, les mains devant la tête de club à l'impact (ci-contre). Tant que les mains dirigent la manœuvre, la tête de club va pénétrer dans le sable, passer sous la balle et la faire sortir sur un coussin de sable. Vous devriez toujours pouvoir distinguer son logo, ce qui prouve qu'elle sort sans effet. Vous devez sentir la tête de club poursuivre son trajet vers le bas bien après la sortie de la balle.

LAISSEZ LE CLUB S'ENFONCER TOUT SEUL

Dans le bunker, la balle enfoncée est le seul cas où la tête de club doit pénétrer profondément dans le sable. Mais il ne s'agit pas qu'elle se bloque complètement, elle doit simplement passer bien en dessous de la balle.

→ UN FINISH BAS, SIGNE DE RÉUSSITE

ON RETROUVE GÉNÉRALEMENT LA BALLE enfoncée dans un sable poudreux et à gros grain, et souvent un peu humide. Il peut être assez lourd, et la tête de club aura du mal à pénétrer si vous ne frappez pas avec le bord d'attaque. Vous souvenez-vous comment j'ai parlé de la traversée qui reflète ce qui s'est passé plus tôt dans le swing ? C'est exactement la même chose ici. Si la traversée est franche et basse, les mains ne dépassant pas la hauteur de la ceinture (ci-contre), cela prouve bien que la tête de club a joué sur un arc de haut en bas au travers du sable et au-delà. En vous entraînant, pensez à ce finish bas.

UNE BALLE BASSE ET QUI ROULE

C'est bien d'avoir des
exigences élevées,
mais il faut néanmoins
rester réaliste. Quand
une balle est enfoncée,
elle ne va pas s'arrêter
très vite après avoir
atterri. Elle va toujours
voler plus bas que si
vous jouez à partir
d'une position dégagée
(ci-contre). Établir une
bonne stratégie est
le point final d'une
sortie dans de bonnes
conditions. S'il y a une
haute lèvre de bunker
juste devant vous,
jouez dans une autre
direction, même si ce
n'est pas directement
vers l'objectif. Quand
le drapeau est placé
court et que vous
avez peu de green
pour travailler la
balle, ne cherchez
pas à être trop malin.
Le fameux cercle de
un mètre dont nous
avons souvent parlé
peut parfois être
inaccessible, et il faut
alors savoir l'accepter.

LES LEÇONS DU PARCOURS

〉
Ici, je joue une sortie haute et légère
à partir d'une bonne situation de balle.
Remarquez que mon visage, mes bras et
mes mains sont parfaitement détendus. La
longueur de la traversée montre que j'ai bien
accéléré dans la balle, mais je n'ai pas tout
emporté avec elle. Le sable voltige, signe que
je l'ai contacté quelques centimètres derrière
la balle. N'essayez jamais de ne pas prendre
de sable sur une sortie courte.

〈
Cette longue sortie de bunker était à la
limite des cinquante mètres. J'ai fait mon
swing avec toute la vitesse possible, et
chaque partie du corps a pleinement joué
son rôle. J'ai pris un divot très mince car si
j'avais pris davantage de sable, la balle serait
restée trop courte. Et si j'en avais pris moins,
j'aurais survolé le green.

〉
Une autre longue sortie de bunker. Si vous
ne tenez pas compte du sable, vous pouvez
imaginer qu'il s'agit d'un plein coup sur
le fairway. Remarquez que je n'ai pas pris
mon sand wedge à 60 degrés, la distance à
parcourir exigeant un club plus fermé. Sur
un long coup comme celui-ci, pour que les
pieds soient bien ancrés dans le sable, je les
enfonce solidement.

Une autre explosion
depuis un bunker
de green. Ce coup
demandait à la fois
de la hauteur et
de la longueur. Ici
encore, j'ai résolument
accéléré les mains
et les bras, et la
manière dont ils sont
sortis à la traversée
montre que je me suis
appliqué à garder la
face de club ouverte
à l'impact. De fait,
elle est même encore
ouverte par rapport
aux mains et aux
bras !

« Au pitching, on contrôle la distance par le degré
d'ouverture de la face de club à l'adresse,
par la position de la balle, par la vitesse
du swing des bras. »

149

→ QUATRIÈME PARTIE

Le pitching

COMME JE JOUAIS BIEN, je sentais que j'allais prendre plaisir à jouer le dernier tour du Masters 2006. J'avais aussi un coup d'avance et mon partenaire était un parfait adversaire, mon vieil ami Fred Couples. Si à l'aise que je puisse être au départ du 1, je savais devoir taper une brassée de bons coups de golf. Et même si j'étais content de jouer avec Fred, il n'avait qu'un coup de retard et sept autres joueurs n'en avaient que deux. J'allais sans doute apprécier mon après-midi, mais ce ne serait sûrement pas une promenade de santé. ›

EN ARRIVANT AU 7, nous étions à égalité, car Fred avait fait birdie au premier trou, et nous avions fait le par sur tous les autres trous. Après avoir envoyé mon coup de wedge à un peu plus de deux mètres du drapeau, Freddie terminant à un mètre, nous avions tous deux fait birdie. J'adore toutes les occasions de birdie que l'on peut avoir sur les neuf derniers trous, mais je sentais qu'il me fallait donner un coup d'accélérateur. Freddie jouait très bien, et José-Maria Olazabal, double vainqueur du tournoi, n'était qu'à un coup derrière nous.

Au 8, un par 5, mon deuxième coup termina court du green, à une bonne quarantaine de mètres du drapeau, placé à l'arrière du green après une sorte de crête disposée en son milieu. Fred toucha le green avec son deuxième coup, mais resta court de cette crête et son putt pour eagle devait être long et compliqué. Pour moi, la difficulté consistait à passer la crête, tout en arrêtant assez vite la balle pour qu'elle ne dépasse pas le green.

• • •

J'AVAIS DÉJÀ JOUÉ UN COUP de ce genre quelques années auparavant, mais au 11. J'étais alors à la poursuite des leaders et je n'avais pas droit à l'erreur. Mon approche atterrit à droite et passa le green, un peu à gauche de l'endroit où était Larry Mize le jour où il rentra un chip sous le nez de Greg Norman pour remporter le Masters 1987.

Il devait le jouer à partir d'une butte, ce qui lui permettait de ne pas donner trop de vitesse ; son chip magnifique roula sur le green et termina sa course dans le trou. Quant à moi, il me fallait porter la balle au-dessus d'une partie du bunker à l'arrière, avec assez d'effet pour ralentir la balle dans la descente vers le drapeau placé au début et à gauche du green, juste avant l'obstacle d'eau.

Dans les deux circonstances, comme c'est généralement le cas à Augusta, le gazon était assez ras, la balle devait donc être parfaitement touchée pour pouvoir contrôler la longueur et donner assez d'effet pour la freiner, une fois qu'elle commence à rouler dans la descente. Mais il me fallait aussi suffisamment de hauteur et de longueur pour passer l'obstacle situé devant moi.

• • •

LES COUPS DE WEDGE DE TRENTE à cinquante mètres (parfois qualifiés de demi-wedges) peuvent poser des problèmes à pas mal de joueurs. Soit ils ont tendance à faire pratiquement un plein backswing et décélèrent ensuite à la descente, soit ils font trop jouer les mains et la tête de club passe devant elles à la descente, et c'est bien la dernière chose qui doive se produire sur ce type de coup.

Il s'agit simplement de pitchs joués avec la technique d'armement et de tenue des poignets, mais avec un swing plus long. Pas

comme pour un plein swing, simplement un peu plus que pour un chip. Comme sur un chip, une fois les poignets armés et les mains en accélération jusqu'au finish, les bras et le club évoluent à la même vitesse, et le contrôle de la distance en est facilité. Et si le bord d'attaque et le bounce du club gardent leur position longtemps après l'impact, on obtient bien plus de régularité. Avec beaucoup d'entraînement, nous allons connaître la longueur du vol de la balle sur tous les coups entre trente et cinquante mètres. Sachant cela, nous pourrons nous concentrer pour la placer dans le fameux cercle d'un mètre où nous pouvons rentrer les putts.

Mon pitch au 11 vola environ vingt-cinq mètres au-dessus de la butte et du bunker. Sa dynamique fut tuée par l'effet et la balle roula dans le trou pour un improbable birdie. Ce jour-là, je restai en vue des leaders, mais je ne devais pas l'emporter et finis à la troisième place.

En 2006, ma balle au 8 ne rentra pas, mais elle vola pratiquement sur toute la distance des quarante mètres et s'arrêta net à trente centimètres du drapeau. Lorsque Freddie prit trois putts pour faire le par et moi un seul pour le birdie, j'avais pris la tête et ranimé ma confiance. Deux heures plus tard, j'allais passer ma deuxième veste verte.

Les coups plus longs demandent un swing plus agressif et une traversée plus longue.

→RETOUR AUX FONDAMENTAUX

LE PITCH N'EST PAS SEULEMENT la version longue d'un chip. Les fondamentaux sont exactement les mêmes dans les deux cas, et la technique de swing est basée sur les mêmes principes. Alors, en quoi le pitch est-il différent du chip dont nous avons longuement parlé ? La différence, c'est la longueur et la vitesse du geste, qui vont en fin de compte permettre de créer une plus grande variété de coups que ce n'est le cas avec le mouvement de chipping. Le swing du pitching est plus long en termes de swing des bras, d'armement des poignets, de rotation des épaules et de travail des pieds. Résultat, vous allez donner beaucoup plus de vitesse à la tête de club. En ajoutant la vitesse à notre équation, un nouveau monde de création s'ouvre pour vous. La vitesse permet d'augmenter le backspin, d'envoyer la balle plus haut que normalement, de produire de bons coups à partir de situations délicates. La notion de pitch comprend des balles hautes et molles autour des greens, ainsi que les demi-wedges de trente à cinquante mètres que redoutent tant les amateurs.

L'ARMEMENT DES POIGNETS JOUE UN RÔLE ESSENTIEL AU PITCH

L'armement des poignets est obligatoire sur tous les coups du petit jeu, mais il est encore plus crucial à mesure que la longueur du swing augmente (ci-dessous à droite). Bien que l'on ne le fasse jamais consciemment, ils se désarment à un certain point à l'impact. Plus la tête de club doit gagner de la vitesse, plus vous devez armer les poignets, et plus vous donnerez ainsi de la vitesse en passant à travers la balle à l'impact.

LA LONGUEUR DU COUP DÉTERMINE LA POSITION

Avant même de commencer le backswing, vous pouvez deviner quel type de coup je joue en observant deux aspects de ma position. D'abord, la position de la balle. Si elle est proche du milieu du stance (ci-contre), il est clair que je vais faire une balle basse. Ensuite, la position de la face de club. Le fait d'avoir aligné le bord d'attaque plutôt square par rapport à l'objectif est une preuve de plus que j'ai l'intention de donner à la balle une trajectoire basse.

LE MANCHE VERS L'AVANT À L'IMPACT

Comme les pitchs peuvent aller jusqu'à cinquante mètres, on a facilement tendance à donner un supplément de vitesse avec les mains. Vous pouvez vous en abstenir : les mains doivent rester devant la balle à l'impact. On doit voir le manche incliné vers l'objectif quand la tête de club arrive sur la balle. Si le manche est dans l'autre sens, le contact n'a sûrement pas été très pur.

PINCER LA BALLE POUR UNE BONNE TRAJECTOIRE

Pour obtenir une frappe pure et franche, il faut diriger le coup avec les mains et le manche incliné vers l'objectif à l'impact. Vous devez pincer la balle contre la face de club, la compresser suffisamment pour qu'elle rebondisse avec beaucoup d'effet rétro et une trajectoire rectiligne. Si la frappe est solide, vous aurez un meilleur contrôle de la distance, spécialement dans le vent.

RETOUR AUX FONDAMENTAUX

→ LES FONDAMENTAUX NE VARIENT JAMAIS

À PREMIÈRE VUE, LES MEILLEURS JOUEURS DU MONDE donnent l'impression d'avoir des styles de swing très différents. Il est certain que l'on ne peut pas confondre ceux de Vijay Singh et de Padraig Harrington. Mais les apparences peuvent être trompeuses, surtout dans le petit jeu. En termes de rythme, de tempo et de certains aspects idiomatiques, Vijay, Padraig (et moi-même d'ailleurs) peuvent varier, mais nous sommes très proches d'un strict point de vue technique. Si vous regardez notre jeu au ralenti, vous remarquerez que, sur les pitchs, la longueur de notre backswing est inférieure à celle de la traversée, particulièrement sur les distances les plus courtes. Les mains sont toujours devant la balle à l'impact, et nous maintenons tous plus ou moins notre armement des poignets bien après le départ de la balle. Si vous voulez retenir quelque chose des joueurs que vous observez à la télévision, vous devez habituer vos yeux à regarder les choses importantes. Les fondamentaux en font partie. Le reste n'est que de la décoration.

PETITS PITCHS : MAINTENEZ L'ANGLE

Sur les pleins coups avec le driver et les bois de parcours, les joueurs exercent souvent leur puissance avec chaque partie du corps, mains comprises. En ce cas, on voit parfois la tête de club au-delà des mains à la traversée. En revanche, sur les pitchs (ci-contre), la tête de club reste en arrière. Question de contrôle. On essaie d'envoyer la balle à une distance spécifique, et on ne peut bien le faire qu'en gardant les mains passives.

OUI

NON

PLUS LE COUP EST LONG, PLUS L'EXTENSION EST LONGUE

L'augmentation progressive de la vitesse de swing sur les pitchs les plus longs doit être reflétée par une pleine extension des bras à la fin de la traversée (ci-dessus). Les deux bras sont allongés, et le club est aligné avec eux. Ce n'est possible que si les mains ont continué leur route après l'impact. Ne laissez jamais les mains s'arrêter à l'impact (ci-contre), car cela détruit toute chance de réussir un bon coup de golf.

FACE DE CLUB SQUARE POUR DES PITCHS PLUS LONGS ET PLUS BAS

Ajuster la position de la face de club à l'adresse est une façon efficace de régler la distance et de varier les trajectoires (ci-dessous). En la mettant square, je peux réduire encore plus le loft si je place la balle plus en arrière du stance et les mains plus en avant à l'adresse.

→ LES SECRETS DU CONTRÔLE DE LA DISTANCE

ON PEUT PARFOIS CONTRÔLER LA DISTANCE en élargissant ou en réduisant le swing. Je le fais à l'occasion, mais il me faut vraiment beaucoup de toucher pour m'y résoudre. Je trouve plus efficace de modifier la position de la balle et d'ajuster la position de la face de club à l'adresse, particulièrement entre trente et cinquante mètres. En réglant ces deux points, vous pourrez fortement varier vos distances sans changer la longueur

POUR PLUS DE HAUTEUR, BALLE EN AVANT ET OUVREZ LA FACE

Quand je veux des trajectoires plus hautes, j'ouvre la face de club et je place la balle plus en avant du stance (ci-dessous). Avec ces ajustements, je fais un swing normal. N'essayez jamais de faire une balle haute en modifiant votre swing, et surtout pas en tentant de la « lever » à l'impact.

ou la vitesse de votre mouvement. Il vous faudra un peu d'entraînement et d'expériences, avec quelques règles précises. Je n'aime pas « fermer la tête » au-delà de la position square, il vaut mieux choisir un club plus fermé. Je n'aime pas non plus que la balle soit en arrière du milieu du stance, car il faut alors un swing très vertical pour bien contacter la balle. Jouez sur les positions de la balle et de la face. C'est amusant et très productif.

Il y a deux drapeaux sur le green ci-contre, et je joue d'abord le drapeau de gauche, placé sur un plateau à l'arrière du green. Il est très difficile de vouloir faire voler la balle jusque-là et de l'arrêter rapidement au drapeau. Si la balle reste courte, elle ne passera pas la bordure du green, et si elle vole trop, je risque de me retrouver avec un putt dangereux en descente. La meilleure solution est de faire une balle assez basse, de la faire atterrir au milieu du green et de lui faire ensuite franchir le plateau en roulant jusqu'au drapeau. Pour cela, je place ma face de club square, avec la balle au milieu du stance. Il n'est pas nécessaire de placer la balle plus en arrière.

→ VARIEZ VOS OPTIONS DE PITCHS

LE STYLE DE COUP À JOUER VERS LE GREEN dépend de nombreux éléments. Les amateurs ont tendance à attacher trop d'importance à la seule distance depuis le fairway jusqu'au milieu du green, ce qui peut leur causer grand tort. L'emplacement du trou, la direction et l'intensité du vent, la fermeté et le dessin même du green (beaucoup sont à plateaux), sa pente générale doivent notamment être pris en compte. Ils vont déterminer

Comme je joue une balle basse en portant la balle vers l'avant avec une face sans loft supplémentaire, je n'ai pas besoin d'une aussi grande vitesse de balle qu'avec une balle haute. Par conséquent, avec ma technique d'armement et de tenue des poignets, je fais un swing court. Les poignets s'arment rapidement et complètement au backswing, mais je limite le swing des bras. Notez la position de la tête de club à ce moment. Le bord d'attaque pointe plus vers le sol que vers le ciel, ce qui prouve que la face de club reste square, et non pas ouverte. Sur ce genre de pitch, il faut laisser tranquille le bas du corps et éviter une rotation des épaules trop importante.

la distance de vol, le type de trajectoire, les effets à donner. En quelques pages, je vais vous expliquer comment je négocie deux types de coups différents depuis le même endroit du fairway. Je joue vers un green de plus de trente-cinq mètres de profondeur avec deux positions de drapeau très différentes. Chacune impose une trajectoire très différente pour espérer placer la balle à moins de un mètre du trou.

Pour une balle basse, il faut vraiment pincer la balle contre la face de club pour accentuer la solidité du contact. Avec la balle au milieu du stance, le downswing va être assez vertical, et vous devez frapper fermement sur l'arrière de la balle. Ci-contre, en voyant éclater le divot, vous pouvez deviner que j'ai vraiment accéléré dans la balle pour l'expédier sur une trajectoire basse vers le drapeau à l'arrière du green. J'ai conservé la face de club dans la position square qu'elle avait à l'adresse, et j'ai dirigé mon geste par les mains et les bras.

BALLE BASSE

→ JOUER VERS LE BAS ET TRAVERSER

BEAUCOUP DE JOUEURS QUALIFIENT CE COUP de « coup punché », mais je ne partage pas cet avis. Pour moi, un coup punché s'achève à l'impact, en supprimant toute traversée. Je n'aime pas, car il implique une technique où les mains jettent la tête de club sur la balle. Cela donne au mieux un mauvais angle du manche à l'impact, et une augmentation du loft de la face de club. Au pire, on décélère et la tête de club dépasse les mains – désastre garanti.

Sur un pitch bas, je dirige résolument la tête de club vers le bas à l'impact (ci-contre). Associé au fait que je swingue pratiquement sans effort, cela nous donne une traversée basse et raccourcie, les mains juste au-dessus du niveau de la ceinture. Bien que la balle jaillisse de la face de club avec beaucoup de vitesse, elle a aussi pas mal d'effet rétro. Elle va parvenir vite sur le green, rebondir deux fois et nettement freiner au troisième rebond. Il lui restera juste assez de vitesse pour monter sur le deuxième plateau et s'arrêter à moins de un mètre du trou, distance qui reste un objectif raisonnable pour des pitchs comme celui-ci.

Retenez bien que l'on ne frappe pas sur la balle, mais que l'on swingue vers le bas et à travers la balle. Comme pour tous les coups, il est essentiel d'accélérer les mains jusqu'au finish. Celui-ci est peut-être court, mais les mains, les bras et la tête de club ne cessent de prendre de la vitesse depuis le départ. C'est la dimension réduite du swing, et pas l'action de « puncher » qui conduit à une traversée raccourcie.

→ POUR LE DEUXIÈME DRAPEAU, PRENEZ DE LA HAUTEUR !

MON GREEN REPRÉSENTE ICI DEUX GREENS EN UN. Comme beaucoup de très vastes greens, il a une partie avant et une partie arrière. Les deux drapeaux se trouvent sur la moitié arrière, mais le drapeau de droite – celui que je vise maintenant – est environ dix mètres plus loin que celui de gauche. Contrairement au coup précédent, je peux faire voler ma balle en toute sécurité jusqu'au plateau du fond, car j'ai pas mal d'espace et pratiquement aucun risque de rester court ou d'aller trop loin en me retrouvant avec un putt de retour en descente. Je pourrais bien sûr jouer une balle basse, mais j'aurais moins de facilité à placer ma balle à moins de un mètre du trou. La trajectoire de balle idéale correspond à un pitch standard avec une balle haute, grâce à mon sand wedge à 60 degrés.

POUR PORTER LA BALLE PLUS LOIN, BALLE VERS L'AVANT

Bien que je cherche une trajectoire haute, il ne s'agit pas de passer aux extrêmes car il ne s'agit pas d'un flop. Je joue pratiquement un pitch normal en utilisant pleinement le loft de mon wedge à 60 degrés. Je joue la balle plus en avant du stance que pour faire une balle basse, face à l'intérieur de mon pied avant. Ce dernier ajustement avant de jouer me garantit un loft supplémentaire à l'impact.

**PLUS DE LOFT
DEMANDE PLUS DE
VITESSE**

Dans une trajectoire
plus haute comme
je l'ai programmée à
l'adresse, une grande
énergie sera dépensée
pour élever la balle.
Mais comme j'ai
aussi besoin de la
faire voler plus loin,
il me faut donner
plus de vitesse à
la tête de club. Je
vais y parvenir en
allongeant légèrement
mon backswing et en
accélérant de manière
plus agressive à la
descente que pour une
balle basse. La photo
pourrait suggérer qu'il
s'agit d'un swing avec
un club plus long,
mais je ne ressens
pas du tout le même
type de swing qu'avec,
par exemple, un fer
6. J'ai simplement la
sensation qu'il s'agit
de la version longue
d'un chip normal.

Quand la balle est en avant du stance, vous allez peut-être sentir que vous aurez du mal à amener le point bas de votre swing à hauteur du talon de votre pied avant. Le secret consiste à vous porter un peu au-dessus de ce pied avant à la descente (ci-contre), ce qui va avancer un peu le centre du mouvement en direction de l'objectif, face à la balle. Vous pouvez alors frapper vers le bas dans un angle vertical, en amenant les mains et la tête de club vers l'objectif. Les mains doivent être légèrement en avant de la tête de club à l'impact, et vous pouvez alors pincer résolument la balle. Souvenez-vous d'accélérer progressivement car il est inutile de précipiter votre coup.

BALLE HAUTE

→ LA RECETTE D'UN COUP À ADOPTER

FAIRE PITCHER LA BALLE VERS UN TROU placé sur un plateau paraît sans doute facile, mais la réalité peut être très différente pour un joueur moyen. Il est absolument nécessaire d'avoir un contrôle très précis de la distance. Il faut donner pas mal de backspin, ce qui représente toujours un défi avec un swing partiel. Un contact solide est un plus, mais les gazons très ras que l'on rencontre sur les fairways fermes et bien tondus d'aujourd'hui ne facilitent guère les choses. La situation n'est

**UNE BALLE HAUTE
DONNE UN FINISH
HAUT**

Comme le swing pour
une balle haute est
notablement plus long
que pour une balle
basse, il s'ensuit que
la traversée doit aussi
être plus longue.
Ci-contre, au finish,
mes mains sont très
hautes pour deux
raisons. D'abord, j'ai
accéléré davantage
que sur un pitch
court pour une balle
basse, et la dynamique
du mouvement a
simplement provoqué
une traversée plus
ample. Ensuite, comme
la balle était en avant
du stance, mes mains
sont descendues de
manière plus abrupte
à l'impact. Ces deux
facteurs – balle
en avant et swing
vertical – ont créé
beaucoup de backspin,
et la balle va s'arrêter
rapidement après avoir
atterri.

pas facile et, sous pression, les amateurs préfèrent jouer une
balle basse, plus tolérante aux petites erreurs et plus facile à
exécuter, bien qu'il soit moins aisé de placer la balle tout près
du trou. Le plus gros obstacle est de se faire une idée claire de
ce que doit faire le club à la descente. Le but est d'attaquer
la balle dans un plan assez vertical, bien qu'elle soit en avant
du stance. Avec une bonne image en tête, ce coup devient
beaucoup plus simple à exécuter.

Visuellement, un swing extérieur-intérieur est caractéristique, et vous en avez certainement déjà vu. Le joueur monte le club vers l'extérieur, et le manche se retrouve placé verticalement en haut du backswing (ci-contre). Toute chance de réussite est compromise avant même de commencer la descente, car elle sera aussi bien trop abrupte, la tête de club s'approchant de la balle dans un plan extérieur-intérieur. Les chances d'un bon contact sont divisées par deux et, même si vous y parvenez, vous ne pourrez pas donner assez de backspin, et votre contrôle de la direction sera hasardeux.

→ JAMAIS DE SWING EXTÉRIEUR-INTÉRIEUR

POUR JOUER DANS LES BUNKERS, on apprend parfois à ouvrir le stance et à faire un swing extérieur-intérieur selon un chemin parallèle aux pieds. Comme je l'ai déjà dit, je n'aime pas cette technique car je sens que la tête de club doit travailler davantage vers l'objectif, dans tous les secteurs du petit jeu. Pour être précis, elle évolue en réalité sur une ligne entre l'alignement des pieds et le drapeau. Dans votre cas, vous devriez d'abord essayer de

EXTÉRIEUR-INTÉRIEUR : POURQUOI UNE SOCKET ?

Si vous attaquez la balle dans un plan extérieur-intérieur avec une face ouverte, la tête de club parvient sur la balle avec le hosel (l'insertion du manche) en premier, et non pas la face elle-même. Vous pouvez constater le résultat sur les photos ci-contre et ci-dessous. C'est la fameuse socket, où la balle part en oblique vers plus de problèmes encore. C'est le pire scénario, mais il y en a aussi d'autres, comme le top ou la gratte, ou une mauvaise direction. Même si vous avez de la chance et contactez parfaitement la balle, vos chances de couvrir la distance voulue sont très incertaines, et la balle fera un rebond imprévisible en arrivant sur le green.

swinguer le club vers l'objectif avant de peaufiner ce chemin de swing à mesure que vous développez vos talents. Mais vous devez à tout prix vous débarrasser de cette notion d'extérieur-intérieur, de cette idée de couper la balle comme je le fais ici. Je m'y attarde car c'est très fréquent, et il y a de bonnes chances que vous le fassiez déjà. Au mieux, cela provoque des tops et des grattes, et au pire, de désastreuses sockets !

UN PETIT PITCH EN DOUCEUR

SUR UN PETIT PITCH QUI DOIT PAS MAL VOLER et atterrir en douceur, vous savez maintenant ce qu'il ne faut pas faire, étudions alors la bonne façon de jouer, car les bénéfices d'une exécution correcte sont immenses. En premier lieu, un contact solide est une bonne assurance, car la face de club contacte franchement la balle avec beaucoup de backspin pour faire atterrir la balle en douceur et la faire rouler directement vers le trou. Ensuite, la marge d'erreur augmente car un swing correct est plus court et plus compact, avec moins de parties du corps en mouvement. Votre rythme n'en est que meilleur, et votre stress moins important. Enfin, le toucher et l'appréciation de la distance sont excellents, car le club est en position beaucoup plus équilibrée, à partir de laquelle vous pouvez accélérer dans la balle avec la bonne vitesse. Une des constantes du golf est que la méthode correcte produit non seulement de meilleurs résultats, mais elle est aussi plus simple à exécuter. C'est sans aucun doute le cas ici.

ARMEMENT RAPIDE, SWING INTÉRIEUR

À l'adresse, prenez un stance légèrement ouvert, la face de club square par rapport à l'objectif (A). Armez très vite les poignets à la montée, en amenant le club légèrement vers l'intérieur. Limitez le swing des bras, vous n'avez pas besoin de donner beaucoup de vitesse.

LES MAINS DIRIGENT, FACE DE CLUB SQUARE

Utilisez la technique d'armement et de tenue des poignets, en veillant à diriger les mains et la tête de club directement vers l'objectif (B). Regardez mon divot, avec ses débris volant vers la cible sans s'éparpiller. Les mains montrent la voie à l'impact.

L'ACCÉLÉRATION CRÉE L'EXTENSION

Pour être certain que la balle franchit le bunker et s'arrête rapidement après l'atterrissage, la face de club doit rester square, même après l'impact (C). L'extension des bras au finish est la conséquence de l'accélération.

Le maître mot pour
un demi-wedge est
« agressivité ». Bien
que la balle ne soit
pas envoyée très loin,
la dernière chose à
faire est un backswing
nonchalant suivi d'un
downswing caressant
la balle. Commencez
à mettre en œuvre la
procédure en quatre
étapes présentée en
pages précédentes. Le
degré d'ouverture de
la face de club dépend
de la longueur de
votre coup. Faites un
backswing court avec
un armement complet
des poignets.

→ LE REDOUTABLE DEMI-WEDGE

L'UN DES COUPS DE GOLF LES PLUS REDOUTÉS est le pitch entre trente et cinquante mètres, connu sous le nom de « demi-wedge » et qui pose problème même aux bons joueurs. La plupart lui préfèrent un plein coup de wedge, car un swing court est moins facile à contrôler. Ils trouvent les swings partiels difficiles en termes de rythme et d'amplitude. Ces coups demandent une grande précision, avec une pression

Il faut avoir un contact club-balle précis sur ce genre de coup, et limiter autant que possible le nombre d'éléments du corps en mouvement. À la descente, concentrez-vous uniquement sur un swing des bras agressif vers la balle. Ne pensez pas du tout aux mains, car les poignets vont naturellement se désarmer dans l'impact. Ne craignez pas d'envoyer la balle trop loin, du moment que la face de club a été suffisamment ouverte au cours de votre préparation, et que vous avez bien calibré la longueur du backswing. Vous devez à tout prix poursuivre la balle pendant la traversée, en accélérant bien les bras. Rien ne doit ralentir à ce moment – ni les bras ni les mains, et encore moins le club.

d'autant plus importante qu'ils présentent souvent une opportunité de sauver ou de gagner des coups. On en joue fréquemment sur le parcours, en général comme troisième coup d'un par 5 ou encore d'un par 4 après un drive égaré et un deuxième coup très court. Si vous réussissez à cette distance – et il n'y a pas de raison de ne pas y parvenir –, vous bénéficierez d'un grand avantage.

→ L'ANGLE DU MANCHE RESTE CONSTANT

CONTRÔLER LA DISTANCE est capital sur un pitch de trente à cinquante mètres, et la vitesse du swing des bras n'est pas le seul facteur en jeu. Vous devez maintenir l'intégrité de la face de club pour garantir que le loft établi à l'adresse reste le même à l'impact. Sur la photo ci-contre, en haut, vous pouvez voir le manche du club incliné vers l'objectif juste avant le contact avec la balle. À l'impact, son angle reste identique, et doit encore se maintenir après l'impact, ce qui garantit la préservation du loft de la face. Le dernier élément de l'équation consiste à ne pas refermer celle-ci. Si vous roulez les poignets à la descente, la face de club suivra et se retrouvera fermée, ce qui diminuera son loft. Résultat : la trajectoire de balle sera plus basse et plus longue que prévu en programmant le coup.

UN DIVOT FIN ET PLAT

Sur un pitch plus long (en haut), la tête de club doit revenir dans un plan assez plat, mais en descendant. Le divot sera très fin (en bas), traduisant l'angle d'attaque.

BEAUCOUP DE VITESSE, PAS DE RELÂCHEMENT

Bien après l'impact, la face de club fait face au ciel,
ce qui prouve bien que je n'ai pas roulé les mains.
Je les ai gardées passives et j'ai contrôlé la distance
par la vitesse des bras.

UN FINISH PLUS LONG QUE LE BACKSWING

J'ai volontairement limité l'ampleur de mon
backswing, mais absolument pas celle de ma
traversée. Elle doit toujours être plus longue, c'est
le signe d'une accélération résolue dans la balle.

UN BACKSWING TROP LONG POUR LA DISTANCE

Ci-contre, je joue un pitch de trente mètres, et mon backswing est beaucoup trop long pour cette distance. Nous voyons trop de parties du corps en mouvement : trop de rotation des épaules, trop d'activité des pieds, des genoux et des hanches. Tous ces mouvements sont superflus et réduisent la marge d'erreur. Ces mécanismes sont justes pour un pitch de cinquante mètres, mais le swing doit être ici beaucoup plus réduit.

→ ÉVITEZ DE FAIRE UN SWING TROP LONG

EN TOUT ÉTAT DE CAUSE, JE PRÉFÈRE un backswing trop court que trop long. Si le mouvement des bras est trop court, il est au moins possible de rectifier en armant plus tôt les poignets et en accélérant un peu plus à la descente. Avec un long backswing, vous êtes coincé entre deux types de downswing. Le premier est nonchalant et vous arrivez un peu trop décontracté sur la balle, ce qui donne un contact médiocre. L'autre option est pire encore, c'est la très redoutée décélération où le club évolue plus lentement à l'impact qu'au début de la descente. C'est sans doute la plus grave erreur que vous puissiez faire au pitching ou avec un plein swing, car cela détruit complètement la qualité de votre geste. Cela provoque des tops et des grattes, compromet le contrôle de la distance comme de la direction, bref, vous risquez tous les mauvais coups possibles.

LES CONSÉQUENCES DE LA DÉCÉLÉRATION

Le propos du backswing est de créer et d'emmagasiner de l'énergie. Si le backswing est trop long, vous créez une énergie sans issue. À la descente, vous réagissez en ralentissant ou en arrêtant complètement les mains. À ce moment, les poignets se désarment et le club est relâché sur le sol derrière la balle. Résultat, une gratte avec la balle qui reste loin du trou, si du moins elle atteint le green. La tête de club qui dépasse les mains est le signe tangible d'un backswing trop long et de la décélération qui s'ensuit (ci-contre et ci-dessous). C'est une des erreurs les plus fréquentes, et largement évitable.

→ LES LEÇONS
DU PARCOURS

›

Ce pitch au CA Championship a été fait à partir d'un gazon très ras. Ici, je donne pas mal de vitesse de club pour exécuter ce petit coup et je m'applique à contacter la balle puis à prendre un divot. L'action du bas du corps et l'extension des bras traduisent un swing en accélération.

‹

Même les pitchs très courts peuvent exiger de donner un peu de vitesse supplémentaire à la tête de club. Ce pitch au Northern Trust 2009 avait besoin de ce petit effort, car la balle était un peu enfoncée et je voulais être sûr que la tête de club ne perde pas sa dynamique en arrivant dans l'herbe. Notez à quel point mon bras arrière s'est complètement redressé. C'est la preuve d'un mouvement agressif pendant l'impact. La balle est bien sortie et mes yeux suivent son vol.

›

L'absence de divot sur ce pitch de trente-cinq mètres indique que j'ai touché la balle proprement au lieu de faire un mouvement abrupt et descendant. Ce type de coup permet d'avoir assez de backspin pour arrêter la balle près de son point d'atterrissage, mais toutefois pas assez pour qu'elle reparte en arrière en s'éloignant du trou. L'un des avantages de la technique d'armement et de tenue des poignets est de permettre un contrôle de cet effet rétro.

❮

Parfois, je ne porte
pas de gant pour jouer
les petits pitchs. Cela
me rappelle quand
j'étais gamin, je ne
voulais pas m'embêter
à mettre un gant. Le
fait d'en porter ou pas
est une question de
sensations du moment.

« Le coup en flop est le résultat d'un impact imparfait. Dans la plupart des cas, la tête de club arrive derrière la balle ou directement en dessous. »

183

Un lob bas avec de l'effet est une arme précieuse
quand la balle n'est pas bien placée et que vous
avez un peu de green pour la travailler.

→ CINQUIÈME PARTIE

Flop et lob

DANS LE JARDIN, JE FAISAIS DES CHIPS PENDANT DES HEURES
quand j'étais enfant, mais j'en avais assez au bout d'un moment,
et je jouais des flops et des lobs pour m'amuser. Pour moi, il
faut faire un flop quand la balle se trouve un peu enfoncée dans
un rough et qu'il n'est pas possible de la prendre proprement.
Comme elle sort sans aucun effet, c'est la trajectoire qui permet
de contrôler la distance et de faire atterrir la balle en douceur. Un
lob est similaire à un flop, mais à partir d'une situation où il n'y
aura pas d'herbe prise entre le club et la balle, et où vous pourrez
donner de l'effet. Je m'amuse toujours à exécuter ce genre de
coup, même s'il faut le faire avec un bon score en jeu, et même
à l'issue d'un tournoi, comme si j'étais encore dans le jardin sans
pression. ›

J'ai commencé le dernier tour du Bob Hope Chrysler Classic 2002 ex æquo à la dixième place et à quatre coups du leader. C'était sur le Palmer Course de PGA West. Après avoir fait birdie au 16 et au 17, il m'en fallait encore un au 18 pour aller en play-off, mais mon approche sur ce trou termina à gauche et courte du green, un peu enfoncée dans le rough. Je devais survoler une forte descente pour pouvoir arrêter la balle près du trou. Pour jouer mon flop, j'ouvris la face de club et envoyai la balle aussi haut que possible pour qu'elle atterrisse en douceur et je n'eus plus qu'à rentrer un petit putt pour signer le birdie recherché.

Il faut bien dire que la chance tient parfois son rôle dans la réussite des flops, surtout les petits, parce qu'il faut les jouer de manière décidée. Mais si j'ai un peu de green pour travailler la balle car elle ne peut pas avoir d'effet, je peux estimer à quel endroit la faire atterrir et comment elle va rouler. Sur un lob, j'ai en général beaucoup plus de contrôle car je sais pouvoir la faire arriver à un endroit précis, avec l'effet nécessaire pour l'amener dans mon cercle de un mètre autour du trou.

• • •

À l'US Open 2006, j'avais des problèmes avec ma frappe de balle depuis le début de la semaine. À mi-parcours au troisième tour, je sortais de deux bogeys successifs après avoir manqué les fairways et les greens, et je m'étais retrouvé à cinq coups de la tête. Au 10, un par 3, ma balle atterrit tout près du drapeau, placé court et à droite, mais en bordure de pente et elle ressortit du green. Avec un nouveau bogey, les 26 trous restants pouvaient se transformer en véritable bataille pour simplement rester dans la course. Je sortis mon wedge à 64 degrés pour taper un plein lob au-dessus d'un bunker. Ma balle était sur un terrain très ras, mais je parvins à la stopper net à trente centimètres du trou pour sauver le par.

Dans ces deux cas, la balle n'était pas dans la même situation, étant une fois enfoncée dans le rough, l'autre fois posée sur un gazon bien tondu, mais la pression était tout aussi grande. On dit qu'il est rarement facile de faire deux putts quand c'est précisément ce qu'on cherche à faire. C'est en partie pourquoi je reste agressif sur les putts de longueur raisonnable et sur les petits coups autour des greens, même les lobs et certains flops. Je pense à rentrer directement la balle.

• • •

La situation de la balle ne m'ennuie pas trop, car j'ai beaucoup et longtemps travaillé toutes les situations, mais il y a une autre raison à cela : beaucoup de joueurs s'entraînent au petit jeu en arrangeant soigneusement la position de leurs balles, qu'il s'agisse de chips ou de pitchs. Quand je m'entraîne, je joue les balles où elles se trouvent, qu'elles soient bien placées ou pas. Je pratique ainsi toutes sortes de coups différents, et si, en tournoi, je ne suis pas forcément content de voir la balle mal placée, j'ai probablement déjà rencontré cette situation et je sais comment la négocier.

Ce birdie final avec mon flop dans le rough au Bob Hope Classic me donna le meilleur score du jour, un 64, et une place dans un play-off que j'allais remporter, pour la vingtième victoire de la carrière.

Quant à mon par au 10 du samedi à l'US Open, il transforma ma journée et ma semaine. Je ne manquai plus aucun green ce jour-là et je fis encore deux birdies qui m'amenèrent à égalité en tête avant le dernier tour. La fin du tournoi ne fut pas aussi heureuse, mais je n'aurais pas eu la moindre chance qu'elle le soit si je n'avais pas réussi ce lob.

Le flop réclame plus de vitesse de la tête de club que d'habitude, afin d'éviter qu'elle ralentisse au passage dans l'herbe.

→ UN FLOP OU UN LOB ?

LES FLOPS ET LES LOBS paraissent similaires. Ils demandent un swing qui semble très long par rapport à la faible distance à couvrir. Mais de nombreuses nuances de technique permettent de ranger les coups en trois catégories. Le type de flop ou de lob est déterminé en premier lieu par la situation de la balle sur le terrain : enfoncée dans de l'herbe haute, portée dans l'herbe haute, sur un sol dur ou sur de l'herbe rase à proximité du green. Selon la qualité de cette situation, soit vous allez arrêter la balle sur le green grâce à l'effet rétro, soit vous allez faire une balle tellement haute qu'elle roulera très peu. On choisit un flop ou un lob selon la position de la balle, l'ouverture de la face de club, le contact plus ou moins franc. Les deux coups en flop que nous allons voir résultent d'une frappe délibérée dans l'herbe derrière la balle, alors que le coup en lob demande une frappe descendante sur la balle en évitant au maximum de prendre de l'herbe entre le club et la balle.

FLOP N° 1 : LE SOL TRAVAILLE POUR VOUS

Ce premier type de flop s'effectue sur un sol ferme, la balle bien posée sur un gazon ras. Vous allez ouvrir la face du sand wedge et taper volontairement quelques centimètres derrière la balle. Comme vous allez donner de l'agressivité au swing, la semelle de la tête va pénétrer dans le sol puis ressortir. Elle va contacter la balle lors de sa remontée, ce qui va provoquer une trajectoire très haute avec un arrêt rapide de la balle. Ce type de flop est très utile quand on veut déposer la balle très près d'un trou placé en bordure de green.

FLOP N° 2 : LA FORCE MAXIMUM

C'est un second type de flop pour les situations délicates où la balle est enfoncée dans l'herbe. Même dans les circonstances les plus favorables, il est difficile de prédire comment la balle va se comporter, mais vous pouvez néanmoins l'envoyer plus haut et l'arrêter plus vite que la plupart des joueurs ne se l'imaginent. Il suffit de frapper fermement quelques centimètres derrière la balle, le point bas du chemin de la tête se situant juste en dessous de la balle.

LOB BAS AVEC EFFET : BALLE EN SUSPENSION

Ce lob bas avec effet est bien adapté aux situations où la balle n'est pas très bien placée, mais pas non plus complètement enfoncée dans l'herbe au point de toucher le sol. Il s'agit d'éviter que la tête de club pénètre si profondément qu'elle passe sous la balle et ne l'envoie pas bien loin. Une bonne technique du lob vous offrira un excellent contact.

→HERBE RASE : UN IMPACT ORIGINAL

L'UNE DES RÈGLES DU JEU DE FERS, c'est que la tête de club doit descendre au moment de l'impact pour que la balle monte. Mais il y a une exception à la règle : quand la balle est posée sur un terrain dur ou sur de la terre ferme avec un fairway très ras. C'est le seul coup de fer où l'on tape la balle à la remontée, la tête de club revenant vers le ciel au moment de l'impact. À première vue, cela semble impossible : s'il n'y a pas de « coussin » ou de terrain mou sous la balle, comment la tête de club peut-elle remonter à l'impact ? Non seulement c'est ce qui va se passer, mais vous pouvez facilement y parvenir.

Le tout est de bien comprendre ce qui se passe. L'objectif est de faire pénétrer la tête de club dans le sol dur derrière la balle, et de poursuivre vers le bas et vers l'avant, jusqu'à ce qu'elle rencontre la résistance du sol qui la fait rebondir vers la balle. Celle-ci va sortir très haut et atterrir en douceur.

DE NOUVEAU SUR UN PIED

Vous devez vous souvenir du test sur un pied pour une balle en descente dans le bunker. C'est ici la même chose. Votre poids doit reposer presque totalement sur le pied avant, la balle bien en arrière du stance pour favoriser un angle de descente très abrupt au downswing. La face de club doit être très ouverte, pratiquement à plat, le sommet de la pointe de la tête touchant quasiment le sol.

LA TÊTE DE CLUB REMONTE : IL FAUT LE VOIR POUR LE CROIRE

Dans la séquence ci-dessus, le tee planté près de la balle aide à
visualiser l'impact inhabituel d'un flop sur un sol ras. La face de
club est très ouverte à l'adresse (A), à la fois pour augmenter
le loft et mettre en jeu le bounce sous la semelle. La tête entre
en contact avec le sol quelques centimètres derrière la balle,
puis ricoche vers le haut sous la balle (B), l'expédiant presque
verticalement dans les airs. Le divot (C) traduit la vitesse et la
force mises en œuvre pour exécuter ce coup.

UN TERRAIN RAS

→ DONNEZ TOUT CE QUE VOUS POUVEZ

LES FLOPS ET LES LOBS RÉCLAMENT une grande vitesse de swing. Première raison, l'ouverture extrême de la face de club : il s'agit non seulement de faire beaucoup monter la balle, mais aussi d'être assez puissant pour la faire avancer. À partir d'un terrain ras, une autre difficulté s'ajoute : il faut donner assez de force à la tête de club pour qu'elle pénètre dans le sol et remonte ensuite. Vous ne pouvez pas vous permettre de laisser la résistance du sol ralentir votre action, car la tête doit continuer sa course vers l'objectif. Vous devez faire un backswing complet, avec un mouvement aussi ample que sur un plein coup de fer. Armer et tenir les poignets est également nécessaire, les mains doivent diriger tout le downswing, les bras générant autant de vitesse que possible. Ne craignez pas de faire un trop grand swing, car vous disposez en fait d'une importante marge d'erreur. Même si vous contactez le sol un peu trop en avant ou en arrière de là où vous visez, vous pouvez quand même obtenir un résultat décent, car la semelle de club va rebondir après avoir pénétré dans le sol.

(A)

FAITES UN BACKSWING COMPLET

Un backswing court ne convient pas du tout à un flop sur un terrain ras, car sa longueur ne vous permettrait pas de générer assez de vitesse de bras à la descente. N'hésitez pas et faites une rotation complète des épaules et des hanches (A).

DESCENTE À PLEINE PUISSANCE

Le downswing doit être aussi agressif que possible sans pour autant perdre son équilibre (B). Assurez-vous que votre poids est bien sur le pied avant en accélérant les bras. Les mains doivent approcher de la balle dans un angle très abrupt.

LA VITESSE VOUS AMÈNE AU FINISH

Bien que le sol oppose une résistance à l'impact, efforcez-vous d'accélérer de telle manière que rien ne puisse ralentir la tête de club à ce moment. Plus votre traversée sera complète, plus vos chances de réussite seront grandes (C).

→ LE COUP EN FLOP DE LA DERNIÈRE CHANCE

S'IL EST UNE SITUATION DÉSASTREUSE pour les joueurs de tous niveaux, c'est la balle profondément enfoncée dans un rough épais au bord d'un green. Elle est particulièrement déprimante quand on a raté le green « du mauvais côté », c'est-à-dire du côté de la position du drapeau, ce qui laisse bien peu d'espace pour travailler la balle. À vrai dire, placer régulièrement la balle à moins de un mètre du trou sera toujours un défi, car chaque situation de balle est différente, mais il reste un espoir, car un certain type de flop peut donner une chance raisonnable de faire le par. Il n'y a qu'un inconvénient, vous ne pouvez donner aucun effet rétro car il y aura trop de gazon entre la balle et la face de club. Il n'existe qu'une seule façon d'arrêter rapidement la balle à son arrivée sur le green, c'est de l'envoyer très haut. Si vous lui donnez une trajectoire très verticale, elle s'arrêtera très vite en atterrissant sur le green.

QUESTION DE PROFONDEUR

Ci-dessous, la balle est très mal placée, et typique de ce qui se passe quand on rate un green de quelques mètres. Il est évident qu'un mouvement de chipping ne peut produire assez de vitesse de la tête de club, et qu'un pitch standard n'enverra pas la balle assez haut pour qu'elle s'arrête rapidement. Pour y parvenir, j'ouvre la face de club et je vise derrière la balle. Si l'herbe est plus haute et la balle encore plus enfoncée, j'ouvre davantage la face.

UN SWING TRÈS VERTICAL

J'ouvre beaucoup
la face de club et
je vise quelques
centimètres derrière
la balle (vignette).
Il faut pas mal de
vitesse de swing pour
ce genre de flop, et
revenir sur la balle
dans un angle très
vertical. Pour ce faire,
j'arme pleinement
les poignets et
j'amène mes bras
loin en arrière, tout
en tournant bien
les épaules. La face
de mon wedge à
60 degrés est
résolument ouverte et
je n'ai en tête qu'une
seule image à ce
moment, celle de la
tête de club pénétrant
profondément dans
l'herbe derrière la
balle de manière très
verticale, afin qu'elle
atteigne le point le
plus bas de son arc
directement sous
la balle. Remarquez
au passage que le
poids du corps repose
essentiellement sur le
pied avant.

Pour un flop à partir
d'un rough épais, je
fais un swing qui,
dans des circonstances
normales, enverrait la
balle à quatre-vingts
mètres – ma distance
maximum avec un sand
wedge à 60 degrés.
Mais en raison de la
mauvaise situation de
la balle, de la face
ouverte et du contact
de balle indirect, la
balle ne fera guère
plus de cinq mètres.
Vous devez avoir un
état d'esprit offensif
et exécuter ce coup
avec agressivité, en
appliquant autant
de vitesse des bras
que possible. Toute
l'énergie du swing
doit être dirigée vers
le bas, votre poids
reposant sur le pied
avant en dirigeant
les mains vers un
finish bas. Quand la
tête de club atteint
le bas de son arc, la
balle va jaillir presque
verticalement, et
pratiquement sans
effet.

BALLE ENFONCÉE

→ IL EST TEMPS DE FORCER LES CHOSES

LE PRINCIPAL DANGER SUR CE GENRE DE FLOP est de laisser
l'herbe saisir la tête de club et la ralentir avant qu'elle
ait atteint le point bas du mouvement. Il se peut aussi
que l'herbe s'enroule autour du manche et ferme la face,
réduisant ainsi le loft nécessaire pour que la balle s'élève
comme il convient. En jouant ce coup, souvenez-vous qu'il
réclame plus de puissance que de finesse. Vous devez donner

UN FINISH ABRÉGÉ PAR LA RÉSISTANCE DE L'HERBE

En attaquant dans un plan très vertical, la tête de club peut très bien s'arrêter brutalement en arrivant sous la balle. Ce n'est pas grave, car cela démontre que vous avez amené correctement la face de club à l'impact. Vous pouvez voir à quel point je l'ai ouverte (page de gauche), et comment je me suis battu pour la maintenir ouverte après l'impact (ci-contre). Si vous pouvez la conserver ainsi ouverte, le coup aura le résultat prévu, avec une trajectoire haute et molle, et elle arrivera « morte » sur le green. Regardez comme mes yeux suivent la balle en vol, leur position traduit bien la hauteur extrême de la trajectoire.

beaucoup de vitesse mais aussi de force. Serrez le grip plus que d'habitude et gardez les poignets très fermes au moment de l'impact. Ici, la technique d'armement et de tenue des poignets est très utile, car elle vous empêche de trop faire jouer les mains et de lancer la tête de club dans le sol. Dirigez avec les bras et les mains mais attendez-vous à une certaine résistance de l'herbe à l'impact.

→ BALLE BIEN PLACÉE : JOUEZ UN LOB BAS À EFFET

APRÈS AVOIR ÉTUDIÉ LES FLOPS AVEC LA BALLE plus ou moins mal placée, que dire d'une balle parfaitement et classiquement placée ? Vous avez évidemment le choix et pouvez jouer pratiquement n'importe quel coup. Mais celui qui est le mieux adapté à ce type de situation est le lob bas avec effets. C'est un coup à inclure dans votre répertoire, spécialement quand vous avez un peu de green pour travailler la balle, si vous voulez une balle basse mais qui s'arrête rapidement après avoir atterri. C'est un coup agréable à regarder et encore plus à exécuter, car il demande un peu de créativité. Le but est de créer des conditions d'impact où la face de club évolue nettement vers le bas et prend la balle franchement. Bien que l'on ne donne pas beaucoup de vitesse en accélérant dans la balle, elle décolle avec pas mal de backspin et s'arrête très vite.

LE SECRET EST DANS LA TECHNIQUE, PAS DANS LA FORCE

Pour jouer ce lob bas à effet, ouvrez bien la face de club avec la balle un peu plus en arrière du stance que normalement, pour favoriser un angle d'attaque vertical. Armez et tenez constamment les poignets, avec un backswing relativement court. Comme vous allez avoir un contact propre, il n'est pas utile de donner beaucoup de vitesse. Vous allez créer une trajectoire basse, la balle chargée d'effet rétro en dépit du fait que vous n'avez pas frappé très fort.

UN LIE PARFAIT POUR UN LOB BAS

Ce lie est le rêve de tous les golfeurs, et je dois dire que j'étais assez excité de retrouver ma balle aussi bien placée. Il n'y a aucun risque de voir l'herbe se glisser entre la face de club et la balle, ni d'avoir un gazon ras qui oblige à faire un plein coup en flop. Dans une situation aussi favorable, vous pouvez jouer n'importe quel coup, mais l'idéal est de prendre la balle proprement avant de poursuivre vers le bas avec un divot.

À la descente,
pensez uniquement à
accélérer, à maintenir
l'armement des
poignets et à contacter
la balle proprement.
L'angle d'approche va
être assez vertical et
la face de club rester
ouverte. Pendant
l'impact, la face de
club colle en quelque
sorte à la surface de
la balle, les bords des
stries agrippant la
souple couverture de
la balle en donnant
beaucoup d'effet (ci-
contre). Souvenez-vous
bien que l'on n'obtient
pas cet effet en créant
énormément de vitesse
de la tête de club
mais par la qualité
de l'impact. Comme
toujours, évitez de
donner une impulsion
brutale par les mains
en approchant de la
balle. Si vous désarmez
les poignets, vous
n'aurez pas l'action
tranchante recherchée
et vous ne ferez qu'un
coup ordinaire où la
balle ne parviendra
pas à freiner une fois
parvenue sur le green.

LOB À EFFET

→ UN IMPACT TRÈS PARTICULIER

SAUF EN DE RARES OCCASIONS où il faut volontairement
frapper derrière la balle, le coup bas en lob avec effet est le
seul où l'on ne cherche pas à compresser aussi résolument
la balle que possible. Au lieu d'essayer de l'écraser contre la
face de club, l'objectif est en quelque sorte de la raser avec,
pour créer pas mal de friction quand les stries de la face
agrippent l'enveloppe de la balle. Cette action ressemble à une
technique de tennis de table, lorsque l'on essaie d'impartir du

Bien que le mouvement s'effectue vers le bas, la tête de club ne pénètre pas assez le sol pour prendre un grand divot. Le gazon n'oppose guère de résistance et vous pouvez continuer votre mouvement avec une traversée relâchée, les deux bras allongés dans la position classique de tenue des poignets que j'ai préconisée (ci-contre). Notez que la traversée n'est pas particulièrement longue, elle doit refléter le backswing, court et décidé, les mains dirigeant la manœuvre. La balle part bas, mais pas nécessairement vite. Attendez-vous à la voir flotter vers le green et mordre la surface au troisième rebond, avant de rouler très brièvement vers le trou.

backspin en « tranchant » vers le bas et au travers de la balle avec la raquette, tout en maintenant le loft. Ce coup de golf correspond bien à sa dénomination : la balle part selon une trajectoire basse et semble devoir traverser tout le green, mais elle freine brusquement à l'atterrissage et roule finalement très peu. C'est une arme absolue quand elle n'est pas très bien placée et que l'on ne dispose pas de beaucoup d'espace sur le green.

C'EST « UN LOFT NÉGATIF » !

Seuls les joueurs expérimentés
devraient tenter ce genre de coup
en arrière, car sa réussite (en toute
sécurité !) demande un parfait
équilibre et une bonne coordination
œil-main. Adressez la balle avec le haut
du corps perpendiculaire à la pente,
le poids reposant presque uniquement
sur le pied arrière. En baissant les
yeux, vous remarquerez que la face de
club a tellement de loft qu'elle est
pratiquement orientée derrière vous
(grande photo ci-contre). Faites un
plein backswing décidé (petite photo
ci-contre) en tournant les épaules
autant qu'il vous est possible, tout en
gardant tranquille le bas du corps.

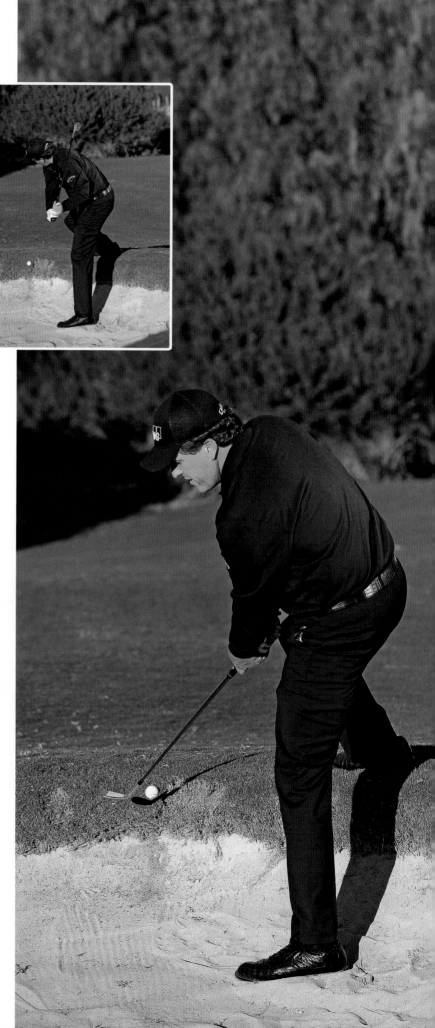

→ À PRÉSENT, AMUSEZ-VOUS

S'IL EST UN COUP QUE J'AI SAVOURÉ
plus qu'un autre et depuis longtemps,
c'est d'envoyer la balle derrière moi, à
l'opposé de mon orientation. Dans la
séquence de photos à droite, la balle
a fini sa course pratiquement sur le
photographe. Après avoir appris ce
coup quand j'étais enfant, j'ai attendu
le jour où je pourrais le faire en tournoi.
Les occasions étaient forcément rares :
la balle doit rester accrochée sur une
pente très forte, ce qui est à tout le
moins improbable. Mais j'ai eu enfin
ma chance au AT&R Pebble Beach
Pro-Am. Les spectateurs devaient se
demander ce que je fabriquais en me
plaçant à l'envers par rapport au green.
Mais quand la balle a décollé comme
prévu et s'est retrouvée sur le green, ils
sont devenus fous… et moi aussi.

UN SWING RADICAL POUR UN COUP RADICAL

Au retour, gardez le poids sur le pied arrière. Swinguez les bras aussi vite que possible et laissez les poignets se désarmer très tôt – c'est bien la seule fois où je vous conseille de le faire ! Ne les roulez pas l'un sur l'autre, cassez le poignet de votre main avant, de manière à ce que la tête de club soit face à l'objectif derrière vous. La balle va passer au-dessus de votre épaule (ci-contre et ci-dessus). Lorsqu'elle atteindra le green, vous allez voir quelque chose de bizarre, elle va partir en flèche encore plus loin de vous, résultat d'un pur topspin. Ce coup est une vraie fête à exécuter. Et pourquoi pas ? Après tout, le golf est un jeu...

→ LES LEÇONS
DU PARCOURS

><

Un flop très haut à partir d'un bord de green délicat pendant l'US Open 2008 à Torrey Pines. Les greens étaient très rapides et un chip normal arrivant sur le green n'aurait jamais pu s'arrêter près du trou. J'exécute un swing très agressif : notez que les épaules sont complètement déroulées et que le talon du pied arrière est soulevé du sol.

<

Je me souviens très bien de ce coup au CA Championship 2009. Ma balle était tellement suspendue dans l'herbe que je craignais de voir la tête de club passer complètement dessous. Pour l'éviter, je roule les poignets l'un sur l'autre afin que la face de club se retrouve square à l'impact, et non pas ouverte. C'est l'une des rares fois où la pointe du club se retrouve vers le ciel à la traversée.

>

Une autre illustration de l'US Open 2008. Je joue ici un lob bas avec effets et la trajectoire de balle dépasse à peine le niveau de ma tête. Bien que la balle soit bien placée, je choisis quand même la technique de lob que nous avons précédemment étudiée. Remarquez le bras arrière allongé : les mains ont suivi la ligne de jeu, directement vers l'objectif.

Tout le monde, moi
compris, lève la tête
pour suivre la balle
des yeux. C'est un
coup en flop pendant
le CA Championship
2009 joué à fond, avec
toute la vitesse et la
puissance possibles. Le
tournoi avait lieu au
Doral Country Club en
Floride, où l'herbe est
du Bermuda : quand la
balle y est enfoncée, il
faut vraiment accélérer
à fond pour l'envoyer
aussi haut !

Remerciements

TOUT CE QUI FIGURE DANS CE LIVRE trouve son origine dans notre jardin et le practice que mon père y avait construit. C'est là qu'il nous a appris à jouer, à mon frère, à ma sœur et à moi, c'est là que nous sommes tombés amoureux du golf. Plus qu'un remerciement, c'est une dette que j'ai envers lui, que je ne pourrai jamais assez rembourser… Il y a quelques années, mon manager Steve Loy et mon ami Terry Jastrow ont commencé à me parler de faire un livre et un DVD. Je les en remercie, ainsi que de leur patience dans leur réalisation. Guy Yocom et T.R. Reinman écrivent avec moi depuis près de vingt-cinq ans et ils ont une fois de plus fait un superbe travail pour transcrire ma voix sur le papier. Je suis associé à *Golf Digest* depuis mon passage chez les pros et je profite de l'occasion pour remercier mon ami Jerry Tarde, son rédacteur en chef, ainsi que toute son équipe de leur constante générosité et de leur attention aux détails. Dom Furore et J.D. Cuban figurent parmi les tout meilleurs photographes de golf de notre temps, ils le démontrent une fois encore ici. Le graphiste Tim Oliver a conçu cet ouvrage pour organiser et mettre en valeur photos et textes, il y a pleinement réussi. Enfin, l'équipe d'HarperCollins a travaillé sans mesurer ses efforts pour réaliser ce livre dont je peux vraiment être fier. À tous, un grand merci du fond du cœur pour leur professionnalisme.